◆中华传统美德修养文库◆

和睦和谐

徐潜　栾传大　主编

吉林文史出版社

图书在版编目(CIP)数据

和睦和谐 / 徐潜,栾传大主编. ——长春:吉林文史出版社,2008.4(2021.11 重印)

(中华传统美德修养文库)

ISBN 978-7-80702-817-8

Ⅰ.①和… Ⅱ.①徐… ②栾… Ⅲ.品德教育—中国—通俗读物 Ⅳ.D648-49

中国版本图书馆 CIP 数据核字(2008)第 051282 号

丛 书 名　中华传统美德修养文库

HEMUHEXIE

书　　名　和睦和谐

主　　编　徐　潜　栾传大

选题总策划　徐　潜

项目负责　王尔立

责任编辑　张雅婷

责任校对　李洁华

装帧设计　韩璘工作室

出版发行　吉林文史出版社

地　　址　福祉大路出版集团A座

网　　址　www. jlws. com. cn

印　　刷　三河市燕春印务有限公司

开　　本　690mm×960mm　1/16

印　　张　8

字　　数　50 千字

印　　次　2021 年 11 月第 10 次印刷

书　　号　ISBN 978-7-80702-817-8

定　　价　30.00 元

总　序

中国是礼仪之邦，是世界四大文明古国之一，有唯一历史发展不曾中断的记录。从公元前841年西周共和年代起迄今3000多年中所有的历史事件都有文字记载。在悠久的历史进程中积淀了丰富的文化遗产，形成了厚重的中华传统美德，至今仍滋润着她的子孙。在改革开放的新形势下，我们大力弘扬中华民族传统美德和优秀的人格修养，对于提高全民族的精神文化素质，提升国家的软实力，具有深邃的价值和深远的影响。

首先，它有利于协调人际关系。“和为贵”是中华美德的基本信条之一，建设社会主义和谐社会首先就要处理好人与人之间的关系,改善社会风气,使整个社会洋溢着和睦、和谐的氛围。这也是中华民族绵延几千年不断发展进步的重要思想基础。

第二,它有利于培养民族精神。“自尊,自立,自强”是中华民族的传统精神,民族精神是一个民族赖以生存和发展的精神支撑。中华民族之所以历经各种各样的磨难,仍然能够不屈不挠、昂首挺胸地走过来,就是因为以爱国主义为核心的团结统一、爱好和平、勤劳勇敢、自强不息的伟大民族精神在支撑、推动着我们民族的进步和发展。

第三,它有利于推动社会进步。“大同”社会是中华民族的传统理想,几千年来,中华民族传统美德促进了中国社会的文明与进步,使我国保留了令世人瞩目的灿烂文化。从原始社会、封建社会到近代社会,再到建立社会主义制度、推进社会主义现代化建设的今天,中国之所以能够不断发展进步,中华民族传统美德和优秀的人格修养发挥了重要的引领和推动作用。

中华民族的传统文化源远流长,是中华民族的灵魂,其精髓就是中华民族传统美德和人格修养。这是我们民族世世代代传承下来的瑰宝，几千年来不同时代先辈们身体力行，生生不息，中华民族传统美德深深植根在中华儿女的心里，融进血液中，也是现今中国人言行的准则，成为我们民族能够屹立于世界民族之林的重要根基。

今天，我们的祖国前进在改革开放与建设社会主义和谐社会的征程上，八面来风带来了全球各国的文化传统和社会价值观，信息传输手段的多元化以及国际交流日益频繁等，各种思潮和思想纷纷涌入国门，中华传统美德和人格修养也面临着能否与时俱进、继续在当代中国人的精神家园中占据主流地位的挑战。2006 年 3 月，党中央提出了“八荣八耻”的社会主义道德观和价值观，党的十七大又提出了“弘扬中华文化，建设中华民族共有精神家园”的方针，从历史与现实结合的高度充分肯定了中华传统美德和人格修养的历史价值，也表明了弘扬传统美德和人格修养的重要意义。

本书以讲历史故事的形式生动形象地按类讲述中华传统美德的经典事例，寓道理于故事之中，化物于无形，使青少年能在轻松愉快的阅读中潜移默化地接受美德的熏染，陶冶心灵,感受中华民族传统文化的博大精深,了解中华民族传统美德的根深叶茂,为是中华美德造就的现代中国人而自豪,更深刻地理解走有中国特色的社会主义道路的必然性。从而激发人们建设美好社会,建设美好家园,建设新生活的冲天豪情。

前　言

“和”是中国传统文化的重要特征，也是中国文化的宝贵遗产，其内涵十分丰富，充满了大智大慧的深刻哲理。

将“和”用于人际关系，以宽和的态度待人，将会得到众人的信任；用于政治，则能政通人和，促进历史发展，文化繁荣；用于经济，则能促进生产发展，经济繁荣；用于外交，则既维护了世界的和平，又促进了共同发展；用于人与自然的关系，则将共生共荣、协调发展。

在积极推进公民道德建设，牢记“八荣八耻”的今天，尤其是在我国经济高速发展的大趋势下，大力宣传和弘扬和睦和谐的传统美德，不仅是建立具体的和谐人际关系以及和谐家庭的重要基础，而且也是构建和谐社会的重要内容之一。

目前，一些传统美德和道德观念面临着某些消极因素的侵蚀。规范道德行为和准则，不仅仅是一种人伦道德，更是一种社会公德，一种社会责任。只有传承尊老爱幼、邻里和睦、互相帮助、团结友爱的美德，才能有家庭和睦、社会安定、经济繁荣、民富国强的新景象。

中国传统美德之一的“和谐”理论是十分深刻的。它作为一种深刻的哲理调节社会矛盾，使之达到适度、适时、适当的和谐状态，为中华民族带来稳定和祥和，既是我们的现实选择，也是古老社会理想的实现。

目 录

张际亮与姚莹患难与共

张际亮与姚莹不仅是诗友，也是志同道合，患难与共的朋友。

张际亮，福建建宁人。他才华横溢，秉性耿直，不随流俗，广结大江南北的仁人志士，如林则徐、姚莹、魏源、黄爵滋等，其中与姚莹的交往最为密切。

姚莹，安徽桐城人，是鸦片战争时期著名的抵抗派将领。他拥护和支持林则徐严禁鸦片积极了解外事，关注国计民生。就任台湾兵备道后，坚决抗击英军侵略，为保卫祖国海疆立下了汗马功劳。但他反而遭到昏聩腐朽的清政府的革职查办，被横加罪名，逮入京师问罪。这一冤狱在当时知识分子群中引起了强烈的反响。张际亮闻讯痛心疾首，此时他重病在身，仍不辞劳苦，四处奔走呼号，竭尽全力为姚莹鸣冤伸屈。决定亲自伴陪姚莹进京，以示对好友抗敌卫国之举的支持和对清廷制造冤狱的强烈抗议。

1843 年 7 月，押送姚莹入都的囚车途经淮上，张际亮在此迎候多时，做好了护送友人北上、同赴囹圄的准备。姚莹为张氏义举感激不已，但极力劝止张际亮进京。然而，张际亮决心已定，毅然抱病陪随姚莹的囚车，踏上了凶多吉少的北上艰途。

像张际亮那样对清廷制造冤狱、打击贤良深表不满的志士不乏其人。当姚莹被押至北京南郊的长辛店时，竟云集了三十余位京官名士在此相迎。姚莹入狱后，人们更是为之奔走营救，不惧危险入狱探望。清政府迫于舆论压力，不得不把姚莹释放。可是，本来就病魔缠身的张际亮，此时因长途跋涉使病情愈益恶化了。京师诸义士为张际亮的高风亮节所感动，纷纷前来慰问。张际亮在临终前请求姚莹协助他整理自己生平所撰诗作，后世所传《恩伯子堂集》就是由姚莹在张际亮病榻前编纂好，经张氏首肯，并于他故后刊行的。

张际亮的病逝，使姚莹悲痛万分。他以真挚的感情，写下了《祭张亨甫文》和《张亨甫传》寄托对故友的深切缅怀。他洒泪护送张际亮灵柩回故里安葬。

张际亮抱病扶囚车北上，为友伸冤，姚莹挥泪护灵柩南行，报友恩情，这是一幕多么悲壮、感人的情景，它不仅反映了姚、张和人间的生死交往，同时也是当时爱国知识分子赤诚报国的生动写照。

秋瑾与徐自华的生死之交

徐自华，浙江崇德人。她自幼聪慧，博通经史，工诗善词。南浔富绅台群创办“浔溪女校”，徐自华以其才华扬名远近，被聘主持校务。

1906年，秋瑾从日本回国，经陶成章介绍前往浔溪女校教授日文。秋、徐二人一见如故。秋瑾开始还只是对徐自华的处境表示同情，在交往中她发现徐自华及其妹妹徐小淑（秋瑾的学生）等人的思想颇可启发，于是便向她们宣传男女平等的进步主张，甚至直接给她们灌输反满革命的思想。徐自华姐妹很快就接受了革命的道理。徐自华不顾家庭的激烈反对，与秋瑾私定生死之交，而且秘密加入了同盟会，后来还加入了光复会，从此便成为革命党了。

秋瑾在浔溪宣扬激进思想，遭到校方忌恨，被迫辞职离校。徐自华也愤然弃职。秋瑾离开南浔即赴上海，创办提倡女权的《中国女报》。由于资金缺乏，徐自华便毅然与家庭脱离，变卖田产，亲自携巨款到上海帮助秋瑾，共办《中国女报》。1907 年，浙江绍兴起义计划就绪后，秋瑾因筹款买武器回崇德，徐自华立即将首饰全部交给秋瑾，并深叹自己不能同行。秋瑾感动不已，将身藏一对翠钏赠徐，并将自己小照一张题诗相勉，挥泪而别。

绍兴起义失败、秋瑾壮烈牺牲。徐自华和吴志瑛冒着巨大风险，去杭州西泠桥畔（秋瑾和徐自华二人曾相约死后同葬西泠）为秋瑾置地造墓。墓成后，徐自华亲自到绍兴迁柩，并亲笔撰写了墓表和墓碑。建造秋瑾墓经历了很多风波，但建成不到一年就被清政府平掉，并下令通缉徐、吴等人。徐自华自己避难上海，又派人秘密收藏秋瑾墓碑。

为了纪念秋瑾烈士，徐自华 1908 年正月创议组织"秋社"，她自己被推举为社长。"秋社"是个革命组织，当时只能秘密活动，知者不多。辛亥革命后，孙中山来到杭州，担任了秋社的名誉社长。徐自华一直主持秋社事务，并在1913年冬，在上海创办“竞雄女校”、完成着秋瑾未完的革命事业。她主持女校长达十八年之久，到1930年她才把校务交于秋瑾的女儿王灿芝管理，自己则返杭州专管秋社事务，直至去世。

黄兴与孙中山的深挚友谊

翻开辛亥革命的史册，有两个光辉的名字映入眼帘：一个是革命先行者孙中山，一个是实干家黄兴。他俩是资产阶级革命派领袖，在长期的革命斗争中，建立起深厚的友谊。

长沙起义失败后，黄兴于1904年底到日本避难。次年7月，孙中山为发动革命，亦从海外来到日本。经日本友人宫崎寅诚的介绍，便在神乐坂进行了愉快的第一次会晤。不久，他们共同主持了中国同盟会的正式成立，并分别被推举为同盟会的总理和协理。共同担当起了领导革命的重任。

1910 年 6 月，黄兴为躲避日警搜捕，隐居在横滨的福住旅馆里。中旬，孙中山从夏威夷来到日本。

那天，孙中山乘坐的美国轮船刚刚靠岸，冒着危险前来迎接他的黄兴就跳上船去和孙紧紧地握手，一直护送到孙中山下榻的旅馆里。两人久别重逢，却很少谈论私事，话题很快转入对革命形势的讨论。他们对各种重要问题交换了意见，并对未来的若干方针大计取得了一致看法。

两人交谈了很久，黄兴告辞回去，当快要分手的时候，他想起为起义募款的事。于是，问孙中山带钱来没有。孙中山把满满一皮箱钱指给黄兴看，那是他费尽千辛万苦在美国华侨中募捐来的。黄兴根本没有估量箱里的钱数，提起皮箱就走。忽然，他好像记起了什么，对孙中山说：“哦，对了，我最好还是给你留点，也许你有时需要钱用。”顾不得点数，留给孙中山几叠钞票，匆匆走了。当天，他启程回国发动革命。

据当时在场的一个日本友人追忆说：“我是这件事情的目击者，并且深受感动。金钱的予者与受者，似乎都对金钱的总数毫不在意。这两位领袖之间终生不渝的感情，

不能仅仅表述为一般的同志关系；他们对待金钱财物的态度，也经常与此次相同。”

在同盟会成立时，有人出于偏狭的个人成见，总是竭力攻击孙中山，诋毁孙中山在同盟会中的领导威望，严重损害了革命派内部的团结。1907年间，有人鼓动罢免孙中山的总理职务，另举黄兴担任。黄兴坚决反对，他从海外来信劝告这些同志说：孙总理德高望重，是我们的领袖，大家既然希望革命成功，就请不要搞出这些名堂来影响团结，而应当全心全意地拥护孙先生。在黄兴的劝告下，一场风波才平息下去。

1914年7月，黄兴乘船赴美国考察，在美国旧金山，接到一些人的来信，挑拨他和孙中山的关系，怂恿他另行改组。黄兴气愤地回答他们：“党只有国民党，领袖唯孙中山，其他不知也！”在美国各地，他向爱国华侨宣传孙中山的三民主义纲领，揭露袁世凯帝制自为的阴谋，并积极为革命募捐。后来，听到蔡锷在云南成立讨袁护国军的消息后，立即决定回国协助孙中山进行讨袁革命。

1916年6月，黄兴经日本抵达上海。同年10月31日，因积劳成疾，与世长辞，享年仅42岁。孙中山闻讯

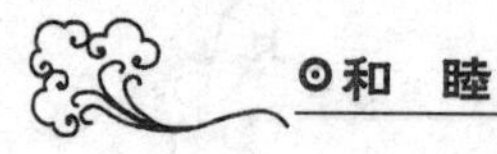

悲痛欲绝，第二天即发函海内外，哀告黄兴逝世的消息。按照传统习惯，讣告是由死者的亲属发布。而黄兴逝世的讣告则是由孙中山单独署名发布，从这里也可以看出他们之间的友谊是何等深厚。

赵声与黄兴的革命情谊

赵声和黄兴都是辛亥革命史上著名的革命家，他们为了挽救中华民族的危亡，建立独立富强的民主共和国，弃学从戎，历尽艰险，出生入死，百折不挠。在革命斗争中，两人建立起血肉相连的友谊，写下了可歌可泣的篇章。

赵声，原名毓声，字伯先，江苏镇江人，17 岁考中秀才。后来江南水师学堂招考，赵声慨然投笔，以第一名录取。因言论激烈，被勒令退学。后入江南陆师学堂插班肄业。

赵声赴日时，结交了留日学生黄兴。黄兴，字克强，

湖南善化（今长沙）人，考中过秀才，后就读于湖北两湖书院，1902 年春被选赴日留学，入宏文学院速成师范科。接触了革命思潮后，从一介书生开始走向革命。

赵声与黄兴等人相识结成好友，赵声常参加留日学生集会，发表演说，甚为黄兴等人倾慕。赵声东游日本的目的之一就是要考察军事。此时，黄兴也对军事兴致很浓，所以赵声常约黄兴去观看日本士官联队的操练。二人还通过各种途径，请日本军官给予军事技术与战略方面的指导。他们都喜欢实弹射击，并曾在东京武术会演习枪弹骑射中获奖牌。赵声和黄兴自此结下了深厚的革命友谊。

1903 年夏，赵声从日本回国。同年黄兴也从日本回国，两人都认为革命是必须在国内进行的事。同年，赵声回江苏，被聘为两江师范学堂教员，他暗中创作了一首宣传反清的《保国歌》，传播于长江中下游各地。与此同时，黄兴则去湖南开展革命工作，并在长沙主持明德修业学校。1903 年秋，赵声因在南京北极阁拒俄救国大会上演讲倡论革命，被清廷列入缉捕之名，被迫避走湖南长沙，与黄兴故友相逢，格外亲切。

1904 年初，黄兴等人在湖南组织华兴会革命团体，并准备在长沙发动起义。赵声为与湖南策应，决定往北方活动，故离开长沙，来到北京，后来又到了保定，与革命志士吴樾结交。在这期间，他进入北洋新军任队官（连长），准备借秋操之机举行起义。但因北方风气闭塞，运动无效。赵声又回到南京担任了江宁督练公所参谋官，以后又到江阴教练新军。

1904 年底，黄兴领导的长沙起义流产，黄兴等人被迫逃往日本。1905 年，孙中山与黄兴等人在日本东京建立中国同盟会。孙、黄二人非常重视赵声深入新军所做的工作，派人与赵声联系，吸收赵声加入同盟会。

1906 年，长江中游一带闹灾，湘赣交界的萍乡、浏阳、醴陵灾情更严重。黄兴等人决定伺机起义。12 月起义爆发，赵声在南京闻讯后，认为时机可乘，积极策划南京新军响应，并秘密派人前往联系。但当赵声率领的新军到达萍乡时，起义已失败，革命军也解散了，赵声只能“摩挲长剑，暗中挥泪”，黄兴后来知道这种情况，也“击桌愧愤，寝食俱废”。两位志士后来都因起义遭到厄运，但却没有气馁，仍然坚持战斗。

1911 年 4 月，由赵声、黄兴分别任革命军总指挥和副

总指挥，在广州领导了历史上著名的黄花岗起义。后起义失败，黄兴负伤到广州河南一个同志家养伤，赵声也因迷路，渡珠江来河南，碰到一位出外为黄兴买药的同志，这样，两位战友得以相见。一见面他们就抱头痛哭，黄兴因伤痛晕过去又苏醒过来，要渡河去与清兵拼命，被赵声劝住。

赵声与黄兴先后脱险来到香港。赵声感情上处于极度痛苦之中，常以酒浇愁。5月6日赵声患盲肠炎，口中吐血，黄兴派自己的妻子日夜守护在赵声病床前。赵声病情日趋恶化，临终前，神志忽然清醒，并吟出“出师未捷身先死，长使英雄泪满襟”的诗句，泪随声下，他再一次睁开双眼说：我对不起死去的战友，报仇雪耻就靠你们了。说完，竟泪流不止。5月18日，赵声去世，年仅32岁。

黄兴获悉赵声去世的噩耗，痛不欲生，他设奠哭祭，为他送葬。此后，黄兴在《与胡汉民致谭德栋等书》中，仍追述赵声逝世之事，认为像赵声这样豪雄英武的人，没有死在杀敌的战场，而是死于平常的病痛，实在是令人悲慨，表达了黄兴对赵声的深切怀念之情。

章太炎与苏曼殊的师生之谊

章太炎是中国近代史上一位伟大的民主主义革命家。1903年，他以“反清排满”的罪名被捕入狱，1906年出狱后即流亡日本，主办同盟会机关报《民报》，宣传革命，旗帜鲜明地与保守派作坚决斗争。

1907年2月，两个风尘仆仆的年轻人来到《民报》编辑部。章太炎身穿一件破旧的和服，在厚厚的眼镜片后面的双眼凝视着来人。

“先生，你不认识我啦？我是光汉.”刘师培走上前拉住了章太炎的手。当年章太炎在上海《爱国学社》任教时，刘师培是他的学生。

“唔，是你，光汉。”章太炎兴奋地丢掉手里的烟，笑了。

“先生，这是我的朋友苏玄瑛，他是专门从中国赶来拜见您的。”刘师培把身后的青年推到章太炎面前，介绍着。

苏玄瑛红着脸，叫了一声“先生。”

太炎望着这个瘦弱、矜持，一脸灵气的年轻人，自语道；“苏玄瑛，好熟悉的名字呀!”

刘师培介绍说：玄瑛在《国民日日报》当过编辑。

章太炎说：“对了，我看过你在《国民日日报》发表的《呜呼广东人》，把那些唯利是图，毫无爱国心的人骂得淋漓尽致，太好了!”大家都高兴地笑了起来。一会儿，太炎指着玄瑛对刘师培说：“玄瑛年纪轻轻，难得这样沉稳。”刘师培朝太炎一稽首，半垂眼帘说道：“出家人恬淡虚无，真气从之，自然又沉稳，又安静。”太炎闻言惊喜地盯住玄瑛：“怎么？你还是个佛门弟子么？有法号么？”“法号曼殊。”“懂梵文么？”“略微懂些。”玄瑛说着又红了脸低下头。太炎兴奋极了：“这太好了，以后我们有时间可以在一起研讨了。”

接着他们又谈起了形势，又过了一阵，他们起身告辞。准备去给玄瑛安排住处。太炎指着凌乱的房间说："要是不嫌弃，玄瑛就住这儿吧，晚上闲了，正好有人聊天。"玄瑛被这意外的挽留惊呆了，好一会儿，他才如梦方醒地连连点头。

晚饭后，玄瑛和太炎相对而坐，闲谈起来。太炎问玄瑛："局势这么紧，到《民报》来怕不怕？"玄瑛含笑摇摇头说："没想过。"沉思片刻，他又说："我这次是为还愿而来。""还愿？"太炎很惊奇。"四年前我在日本留学时，就仰慕先生，发愿要作您的学生，现在我如愿了。"太炎的目光变得柔和了，微笑着吸烟。接着他们谈起了佛学和革命的道理。

玄瑛虔诚地注视着太炎，耳边的声音像海潮缓缓地从远处推来。"先生！"玄瑛喊道。"玄瑛，叫大哥，以后你们都不要叫先生，我是你们的大哥。"太炎的脸上，露出了轻松的笑，额上的皱纹也渐渐舒展了。

同盟会的处境越来越艰难，日本政府为了满足清政府迫害革命力量的要求，同时也感到同盟会的活动对日本政府也是一个心腹之患，因此，他们迫令孙中山离开日本。

作为同盟会喉舌的《民报》，其处境就可想而知了，他们常常入不敷出，捉襟见肘。无奈，玄瑛只得拼命作画，给报纸的副刊拿去发表，或是拿去卖了，以补办报的经费。

一天，太炎和玄瑛在一起谈话，玄瑛问："世事这么艰难，大哥你就没想过失败么？"

太炎点起烟，严肃地思索了许久，突然问："你说项羽算英雄么？"玄瑛点点头。

"是呀！大丈夫做事，论是非不论利害，论顺逆不论成败，论万世不论一生。"

玄瑛轻声叹口气说："我虽然也常常有一腔激情，有干一番事业的雄心，可我的心又太容易灰，太容易冷，只有皈依佛门，求得心灵的安泰。"

太炎扔掉烟蒂，感叹说："是呀，我有时真羡慕你们斩断烦恼丝，遁入空门。可今天国家人民都处于水深火热之中，皈依佛门，这难道是男子汉大丈夫该做的事吗？"

玄瑛的脸又涨红了。

"想想看"，太炎继续说，"西方人信奉基督，国人供拜释迦牟尼。可是，替万民受难的耶稣，能不能真的替万民受难？普救众生的如来，能不能把苦海中的民众救上篷

船？玄瑛，你说你常常灰心，这实在难免，何况你半生坎坷，无亲无靠。你其实本来是一把火，只因为在严寒和苦雨中淋得太久，你的火焰才熄灭了。不过当你为着一个信念而鼓舞的时候，你就会觉得春天又来了。"

听了太炎的一席话，玄瑛万分激动，他对自己将要走的道路看得更清楚，决心也更坚定了。

1908 年 7 月，日本内阁更迭，新上任的外相小村寿太郎为了诱使清政府屈从日本提出的侵占东三省各项权益的无理要求，决定对清政府采取"亲善"政策，因而下令封禁清政府始终视为眼中钉的《民报》。

太炎的心中，早已无所畏惧，他望望阴云密布的天空，沉静地等待着无情的暴风雨。

"大哥！"玄瑛在夜风里战栗了一下，靠紧了太炎。太炎抓住玄瑛的一只手，望着阴沉沉的夜空，忽然朗声大笑："玄瑛，你听我说，我们虽然是书生，手无寸铁，但早已经不惜流血，置生死于度外，我们无愧于四万万同胞，还有什么值得畏惧的呢？"

他说着，挽起玄瑛的手臂走出黑洞洞的大门，大步地、义无反顾地走在冷冷的夜风中。

冯玉祥与孙中山的神交

冯玉祥与孙中山生前虽未见过面，但彼此神交已久，坦诚相待，情感深厚。冯玉祥对孙中山非常敬仰，是孙中山革命思想的信徒。他说："我景仰中山先生已二十年，信使往还者已多年，但我一直没有得着见他面的机会。这正是我心中遗憾的一点。可是我从敬仰中对他所生的一种敬爱之情，决不因此而稍有不同。我总觉得自己在精神上和他长在一起，从他跟前我得到启示与鼓励，使我走上革命的道路，明白了救国的要诀。"孙中山对冯玉祥也了解信任，曾派专人将他的手稿《建国大纲》送给冯玉祥斟酌。这种知遇之感和孙中山的谦虚态度使冯玉祥深深感动，难以忘怀。

早在辛亥武昌起义时，冯玉祥就举兵响应。而后，一直追随孙中山的革命事业。1918年冯玉祥为支持孙中山组织发动的“护法运动”，被段祺瑞免职。后因全军将士拥护冯的正义立场，坚决要求冯继续任职，段怕事态扩大，才只好收回成命。冯玉祥事后致书孙中山，表示虽然还不能直接追随他，但精神上已和他结合在一起了。孙中山派人带亲笔信面交冯玉祥；冯玉祥也派秘书去谒见孙中山，表示“只要用得着我时，无不尽力以赴”。

1924年，冯玉祥发动北京政变，倒戈反直，囚禁曹锟，驱逐溥仪出宫，这一革命行动是与孙中山的帮助支持分不开的。当时冯玉祥对曹锟的贿选和军阀混战深感厌恶，托人带给孙中山对时局的五条意见，提出实行民主，改革政治和团结协商等具体主张。孙中山派代表告诉他，在当前的形势下，首要任务是先打倒反动的直系军阀，冯玉祥答应俟机而动。北京政变成功后，冯玉祥主持召开政治军事会议，将所部改称“国民军”，冯玉祥任总司令，并且请孙中山北上，“共筹统一建设方略”。孙中山致电冯玉祥，热烈祝贺，慨然表示“建设大计亟须决定，拟即日北上，与诸兄晤商。”冯玉祥派代表持亲笔信前往广东欢迎孙中山，嘱咐北京警备总司令：“孙先生到京后，一定要尽力保护。”并说：“国民党的队伍，就等于孙先生的队伍，应听从孙先生的指挥。”孙先生扶病上北京时，段祺瑞与张作霖勾结在一起，排挤冯玉祥，冯玉祥被迫通电辞职，到京西天台上隐居，后移往张家口，未能与孙中山见面。冯玉祥得知孙中山的肝癌渐渐加重，即派夫人李德全带着他的亲笔信前往拜望，孙中山这时送给冯玉祥六千本《三民主义》、一千本《建国大纲》和《建国方略》。冯玉祥全数分发给各部队，令官兵列为正课，悉心研读。

孙中山病逝的噩耗传来，冯玉祥所部全体官兵无不震痛，皆缠黑布七日，以志哀悼。冯玉祥写了悼词，对孙中山给予崇高的评价，并表示要为完成孙中山的革命事业贡献余生。

何香凝与宋庆龄

何香凝比宋庆龄大十四岁，她和秋瑾一样，是同盟会最早的女会员。早在 1905 年，何香凝就在反清革命刊物上发表《敬告我国同胞姐妹》等文章，鼓励中华妇女参加反清斗争，成为出色的革命女战士。

1925 年 3 月，孙中山临终前，三次请何香凝到病榻前，切切叮嘱：不能因宋庆龄没有子嗣而轻视她。何香凝当即表示："先生的一切主张，我誓心遵守。至于孙夫人，我也当然要尽我的力量来爱护。"当时孙中山久久地紧握着何香凝的手说："廖仲恺夫人，我感谢您……"，可见孙中山对何香凝的信任。

孙中山弥留之际，何香凝与宋庆龄在孙中山的遗嘱上签了字，是著名的《总理遗嘱》的两个女签证人。孙中山逝世后，何香凝从北京回到广州，立即在国民党中央执行委员会上提议，将原来自己担任的国民党中央妇女部部长一职由宋庆龄担任。在上海的宋庆龄得知后，一再推辞，国民党中央和何香凝再三邀请，1926 年 1 月，宋庆龄担任了妇女部长，并与何香凝一起被选为中央委员。

1927 年 7 月，武汉国民政府汪精卫集团背叛孙中山的三大政策，决定分共，在国民党中央执行委员中，除共产党人外，有三人不赞成分共，这就是何香凝，宋庆龄、陈友仁。

1931 年“九・一八”事变后，宋庆龄，何香凝为救国难，又重聚上海。不久，日本发动了进攻上海的“一・二八”事变，宋庆龄、何香凝亲率慰劳队赶到前线慰问，使十九路军军长蔡廷锴以及全体官兵大为感动。

1934 年，中国共产党发表要求蒋介石国民党“停止内战，一致对外”的《中华人民对日作战基本纲领》，宋庆龄、何香凝率先在“纲领”上签了字。在她们的带动下，共有一千七百七十九人签字。但蒋介石一意孤行，继续坚持“攘外必先安内”的反动政策。何香凝愤慨之下，送了一条女裙给蒋介石，裙子上写着这样一首诗：“枉自称男儿，甘受倭奴气，不战送山河，万世同羞耻，吾侪妇女们，愿往沙场死，将我巾帼裳，换你征名去。”强烈地鞭挞了蒋的卖国行径。

1937年6月，沈钧儒等“七君子”因宣传抗日救国主张，被国民党当局非法逮捕入狱。宋庆龄、何香凝等亲自到国民党苏州高等法院，发表声明，愿意为抗日救国而入狱，与“七君子”同服爱国罪。何香凝还写信给国民党行政院和蒋介石，信中说，“总理弥留之际，（我）曾应允爱护夫人（宋庆龄）及其后人，现在中委之中，曾聆此言者大有人在。今抔土未干，诸言在耳，孙夫人如果入狱，香凝决偕行也。香凝年近60，行将就木，何惜残废之躯，如能贡献国家，万死不辞。”警告国民党当局不得为难宋庆龄，并立即释放七君子。

1941年1月，蒋介石国民党悍然制造皖南事变，围剿抗战有功的共产党领导下的新四军。宋庆龄、何香凝、柳亚子、彭泽民以国民党中央委员身份，联名致函蒋介石及国民党中央执行委员会，信中表示，“最近讨伐共产之声甚嚣尘上，中外视听为之一变。夫其党问题原为世界性之问题，世界上病态不除，则此种势力组织必存在，我总理早已揭示其端倪矣。我总理过去提出与共产党共同努力干国民革命伟业，这是勿容变更。今日之中国共产党既在我政府领导之下，则准其发展所长，为吾党之靠山，抗战之干城，此正符合总理天下为公之怀抱。”有力地揭露了蒋介石背叛孙中山，发动内战的阴谋。抗日战争胜利后，宋庆龄，何香凝欢欣鼓舞，她们奔走呼号，号召全国人民为建设和平民主的新中国而努力。但蒋介石国民党一意孤行，于1946年以围攻中原解放区为起点，悍然发动内战。宋庆龄、何香凝绝望之余，于1947年同李济深筹组中国国民党革命委员会。1948年中国国民党革命委员会成立，宋庆龄任名誉主席，何香凝任副主席，李济深为主席。从此，宋庆龄、何香凝与背叛孙中山三大政策的蒋介石反动派彻底决裂。

鲁迅拉着郁达夫手同行

鲁迅和郁达夫从1923年2月17日相识，历经十余年而友谊日增。

鲁迅和郁达夫之间，不论在思想认识，生活态度和文艺见解等方面，都存在着明显的差别，但他们求同存异，赤诚相见。郁达夫对鲁迅十分尊重。

鲁迅与郁达夫交往比较密切，是鲁迅到上海以后。1928年6月创刊的《奔流》，是他们合编的月刊。郁达夫虽称编者，实则挂名。鲁迅“因为《奔流》，终日奔得很忙。”而郁达夫却比较闲适。他们都各得其所，相处得很好。

1930 年 2 月，鲁迅、郁达夫一起列名发起“中国自由运动大同盟”。不久，“中国左翼作家联盟”成立，郁达夫又经鲁迅介绍，参加了左联。由于当时斗争复杂，郁达夫思想有些矛盾，一方面他有正义感和爱国热情，另一方面他又有感伤、颓废等情绪。在鲁迅面前，郁达夫从不掩饰自己的矛盾，鲁迅则坦诚相待，他写赠郁达夫的诗作就是明证。

1932 年 12 月 31 日，鲁迅为中外友人题诗写字，一连写了五幅，《无题》则是专为达夫新写的：

洞庭木落楚天高，
眉黛猩红涴战袍。
泽畔有人吟不得，
秋波渺渺失离骚。

这首诗曾经得到人们的高度赞赏，郁达夫就最喜爱它，称它是鲁迅七绝中的压墨之作。从诗中看，对于郁达夫似有慰问和勉励之意，希望他认清形势，多为社会做些有益的工作。这时距郁达夫携妻王映霞移家杭州只有三个多月，也许鲁迅已经了解老友早萌退居之意。

这首诗，于1933年1月10日寄出，并附信“丐其写字”。郁达夫收到后，便写了一首专门献给鲁迅的旧体诗，于1月19日特地送上门来。诗中有“彷徨呐喊两悠悠”，“不废江河万古流”句。这首诗用风趣的笔调，飘逸的风格，对鲁迅的业绩作出了热情的评价。

郁达夫支持鲁迅，鲁迅也关怀郁达夫。就在1933年，鲁迅又借为王映霞写字之机，题诗一首赠郁达夫：

钱王登假仍如在，伍相随波不可寻。
平楚日和憎健翮，小山香满蔽高岑。
坟坛冷落将军岳，梅鹤凄凉处士林。
何以举家游旷远，风波浩荡足行吟。

这首诗的写作背景是：1933年4月25日，郁达夫离开斗争漩涡上海，偕同妻子王映霞回杭州养息。之后，他与当地官员、士绅应酬往来，接受款待，写了一些点缀太平的游记一类的文章。鲁迅借用典故，对郁达夫进行规劝，并寄托着殷切期望。

鲁迅这首诗的前三联，一再以史实典故作喻，极言杭州还是暴君统治的天下，虽然风和日丽，小山香满，但非爱国志士栖身之地。全诗的重点在第四联，希望郁达夫认清形势，"举家游旷远"，及早迁离杭州，在"风波浩荡"中抒写情怀。可惜郁达夫一味迷恋湖光山色、醇酒美人，辜负了鲁迅的期望。可以这样说，鲁迅是郁达夫思想和事业上的诤友，在激烈的生活波浪中，他是拉着郁达夫的手一同前进的。如果郁达夫能够倾听鲁迅的忠言，认真克服自身的弱点，他就不至于走那么曲折的道路。所幸者是抗战爆发后，郁达夫的爱国热情又熊熊燃烧起来，终于不负鲁迅生前的殷切期望，在海内外的"风波浩荡"中奔走辛劳，为民族解放和新文化建设作出卓越的成绩，并献出最可宝贵的生命。

张学良与相声艺人张寿臣

张学良与著名相声演员张寿臣是莫逆之交。

张学良爱好广泛，对相声也有些研究，他曾对张寿臣说："说相声不能光让人听笑话，还应该说些天文地理、历史典故、人情世态，让人们乐得有道理，在笑中长见识。"

有一次张学良听了张寿臣的单口相声《化蜡钎》后，深有感触地说："相声不能为笑而笑，而应该鞭挞坏人，以正民风。"并举了《墙头记》的笑话为例，启发张寿臣。后来，张寿臣认真修改，使这个讽刺不肖弟子的小段更加吸引人。还有一次张学良找到张寿臣说："贪官污吏

刮地三尺，连土地爷都恨之入骨，而你讽刺贪官的相声《得胜图》就不够尖狠。”于是，张寿臣对《得胜图》做了修改，特地添了一段贪官离任时的自白：“老百姓还送来一块石碑，我没敢要——让我驮着吧！”使得这个段子更增加了讽刺效果。

一次堂会上张寿臣说《八扇屏》，这是一段以背诵典故见长的相声。当张一口气说完《八扇屏》时已经很累，本想下场休息，不料有位贵客还在高喊：“快接着说‘诸葛亮骂王朗！’”张寿臣无奈，只得接着说下去，下场已是气喘吁吁，张学良关切问张寿臣的身体，并说：“《八扇屏》不一定要说完八扇，而且‘诸葛亮骂王朗’那段也有点画蛇添足。”此后，张寿臣就将这二段做了适当精简处理，效果很好。

张学良与张寿臣相交日深，他们常纵谈古今兴亡大事，论说历代英雄人物。后来，张学良还想举荐张寿臣去当县长，终因张寿臣力辞而作罢。张寿臣感叹自己身为一个艺人，难以报效国家，张学良劝他说：“自古以来就有以说笑参政的，你们说相声，开通民智，也是报效国家啊!”并特意手书了“曼倩遗风”四字相赠。

方志敏托胡逸民传书

1981年秋，在南昌市北郊，梅岭脚下，一位年逾九旬的老者，从山下一步步地踏上一百五十七级台阶，来到方志敏墓前。

“志敏啊，志敏！我的囚友，我的知己！我没忘记你的教诲，没忘记你的重托……”老人操着浓重浙南乡音，泣不成声，喃喃地重复着这几句话。

半个世纪前，胡逸民是国民政府的显要人物，历任国民革命军军事法官，审判厅厅长，高等法院院长。“四·一二”政变前后，又任国民党中央清党审判委员会主席。他一生为蒋介石营造过徐州军人监狱，南京中央监狱及汉口军人监狱，并先后担任（兼任）这三个监狱的监狱长。

他曾在1917年投奔孙中山，为民主革命效力。1929年因“清党”出纰漏，被蒋第一次打入牢狱。他与方志敏在南昌北营场军法处看守所相近，是他入狱的第三次。

1935年2月的一天，任共产党闽浙赣三省主席的方志敏同志被捕入狱。他面容黑瘦，脚拖重镣，一步一顿，举足艰难，然而神色从容镇定，气宇轩昂，使胡逸民敬仰不已，胡打通了看守所长，几次来到方志敏囚室与之交谈。经过交谈，了解，他们坦诚相见。他们从个人的身世经历，到对社会及狱中的观感，谈论的话题越来越广。胡逸民被方志敏视死如归的浩然正气所打动，便说出了“上边”让他劝降方志敏的意图。方志敏听后，激动地说：“劝我投降，哼，天大的笑话！”他指着自己的誓言给胡逸民看：

敌人只能砍下我们的头颅，

绝不能动摇我们的信仰！

因为我们信仰的是主义，

乃是宇宙的真理。

为着共产主义牺牲，

为着苏维埃流血，

那是我们十分情愿的啊！

胡逸民眼睛湿润了。他心头一热，脱口而出："老方，你真是一位顶天立地的共产党人！"

国民党把方志敏看成是特殊"猎物"，对他寄予特殊企望。为了放长线钓"大鱼"，他们把耐心推到极限，决定让方志敏搬进单人优待号。这一对儿特殊的囚友囚室斜对面，他们的来往更密切了。方志敏感到他余下的时间不多了，不顾自己的身体，利用敌人让他写"交代"而提供的条件，痛苦的思索，孜孜不倦的写作。3 月初，他写完了数万字的《我从事革命斗争的略述》；3 月下旬写好了《我们临刑以前的话》；4 月写完了《在狱中致全体同志书》；5 月，他结束了《可爱的中国》、《死！——共产主义殉道者的记述》、《清贫》、《给某夫妇的信》；6 月，他写了《狱中纪实》、《赣东北苏维埃创立的历史》、《记胡海、娄梦侠、谢名仁三同志的死》。素有“火炉”之称的南昌盛夏，闷热难当，方志敏仍在奋笔疾书。7 月初，方志敏告诉胡逸民“这场戏看样子就要收场了。我们的交谈，很可能就是诀别……”方志敏的话深沉得像自言自语，而坐在一旁的胡逸民听了，却句句如锤，字字如针，敲得心弦颤抖，刺得钻心疼痛。方志敏拿出一包东西，郑重地交给胡逸民，“你要保证把它藏妥。日后出狱，可把这些文稿交给鲁迅、宋庆龄，他们会转交给共产党组织的……”

谁知这一对囚友吐露肺腑，交付重托之夜，就是他们的永别。

1935 年秋，胡逸民终于出狱。他没有忘记烈士的重托，拿出方志敏的绝笔，按照上面的记号，冒险赴上海实践自己的诺言。十里洋场，人海茫茫，到哪里去找共产党组织呢？胡逸民焦虑踌躇。后来终于通过上海救国会章乃器先生的夫人胡子婴的帮助，又经过章秋阳、宋庆龄、冯雪峰、潘汉年、谢澹如送到了党的组织手里，1951 年上海出版公司出版的《可爱的中国》一书就是这批文稿。若干年后，当胡逸民得知烈士遗稿传送全部过程时，他那久久悬系着的心，终于落了下来。

赵敬之与陈中柱生死结盟

在江苏盐城市盐城公园内的烈士陵园中，最上首有一对圆形的墓冢，这两座墓中安葬的一位是盐城地区早期的共产党员，革命教育家，全国著名烈士赵敬之；一位是被誉为“一代抗日英雄名将”、“断头将军”的国民党鲁苏皖边区游击总指挥、第四纵队司令陈中柱将军。

为什么这两位不同政党的人物的墓紧挨着，一般大小，又合用一块广场呢？这当中有一段感人的故事。

陈中柱和赵敬之是同乡同窗，是情同手足的结拜兄弟。1924 年，他们读中学时就品学兼优，正直爱国，在国民党老党员陈为轩先生的培养教育下，兄弟俩同时参加了国民党。1927年初，他们投身到大革命的洪流中，在家乡发动革命，扩大北伐军的影响。1927年7月，国共两党的合作破裂，大革命失败。陈中柱考入国民党江苏省警官学校。1928年8月，赵敬之从南通省立七中毕业后，考入了由中共地下党主办的上海劳动大学。1930年，他成为中共党员。从此，两位同乡、同窗、同甘共苦的兄弟，在历史的十字街头，各自选择了不同的政治道路。一个继续为国民党员，成了国民党军队的骨干；一个是中共地下党员，成为无产阶级的先锋战士，即使这样，他们之间的往来仍然不断，也未影响俩人的情谊。陈中柱并没有因为身份不同而轻视义弟，相反却经常向义弟提供帮助；赵敬之也没有因为义兄是自己的“政敌”而疏远他、厌弃他，反而借助义兄的关系开展工作。1933年赵敬之受党的派遣，在陈中柱的关照下，考入南京国民党中央军校政训班学习。

“九·一八”事变，在日寇的侵华行径面前，兄弟二人义愤填膺，同仇敌忾，联袂请缨，共赴华北抗日前线，杀敌保国。他们互相支援，浴血奋战。在台儿庄西面的大洞山战役中，赵敬之听到大洞山处义兄被围，冒死连夜赶赴大洞山，没见到义兄的面他悲痛欲绝，几不欲生。在盐城西乡洪桥，兄弟俩又见面了。经过这场血与火的离别而再次相见，俩人分外亲热。赵敬之经地下党组织的同意，帮助扩充了陈中柱队伍的实力，装备，成为一支有力的抗日武装。

1939年，赵敬之和几个地下党员创办了“盐城县第一中学学生补习团”，直接为新四军培养和输送骨干。一次，因学生行动不慎泄露了秘密，被国民党县党部发现，赵敬之被捕。在酷刑下，赵敬之坚贞不屈，始终没有暴露自己的身份。

赵夫人携幼女哭诉，找到陈中柱，陈中柱气得浓眉怒竖，向抓赵敬之的人说明赵是他的义弟，输送的青年是来投奔他的部队的。县党部顾虑到陈中柱是中统头目，不敢得罪，只好将赵敬之释放，并礼送到泰州。

获释后，赵敬之住进陈中柱家中治伤、休养，兄弟俩经常促膝谈心，赵敬之还根据陈毅的指示，帮助陈中柱整肃了政训处，清除了日伪分子，成立了政治工作队，宣传抗日救国的道理，鼓舞士兵的斗志。陈中柱挽留义弟帮他带兵，并委以重任。但因为赵敬之接到了陈毅的秘密通知，他谢绝了义兄的一片盛情，借口回乡看望老母，返回盐城。

1940年，在国民党的第二次反共浪潮中，有人拉陈中柱同流合污，陈中柱拒绝了，于是他便成为日伪军的眼中钉，处境十分险恶。他率四纵队孤军奋战百余日，弹尽粮绝。在这种情况下，陈中柱想起陈毅的嘱咐，率部向新四军驻地靠拢，准备起义。就在他转战到兴化水网地带时，突遭日伪军五路截击、包围。陈中柱一面激战一面派人与新四军联系。陈毅得知陈中柱的情况，当即派赵敬之率一个加强营火速出击，援助陈中柱突围。1941年6月7日，当新四军增援部队强渡到第六道河时，遇到了冲出包围的陈部残兵，才得知陈司令已经壮烈殉国了。

日军为了邀功，残暴地将陈中柱的头割下来送到泰州的日军少将那里，陈夫人闻讯后带着幼女毫无畏惧地闯入日军司令部，索取丈夫的首级。日军司令深为她的果敢行为震惊，捧交了陈中柱的首级。陈夫人将丈夫尸体缝合好，安葬在泰州城下。

1947年夏天，党派赵敬之建立苏皖边区第五行政区高级专科学校。8月2日下午，在赵敬之穿越串场河敌人封锁线时，被国民党便衣队发现，面对敌人，他临危不惧，纵身跳入河中向对岸游去。敌人以排枪向他射击，击中了他的头部，赵敬之壮烈牺牲在串场河中。

四十个春秋过去了，1986 年 10 月，盐城市政府将赵敬之烈士的陵墓从串场河畔迁入盐城公园的烈士陵园，同时举行了隆重的立碑仪式。

这时，已旅居国外的陈夫人得知丈夫义弟迁灵的消息，马上飞越重洋，回到祖国，向赵敬之的陵墓敬献了鲜花，然后向政府提出申请：追认陈中柱将军为烈士；为纪念丈夫及其义弟的生死之交，将陈将军的陵墓也迁到烈士陵园中，让兄弟俩永远相伴。1986 年，政府批准了陈夫人的请求，两位生死结盟的兄弟，两位为民族献身的英杰，两个中华民族的忠魂，相陪相伴，同被人们祭奠，共为人民敬仰。

田汉与周信芳剧坛知己

田汉与周信芳都是我国剧坛的一代宗师，两人交往密切，友谊深厚，在戏剧史上留下了一段佳话。

田汉18岁去日本求学，途经上海观看了周信芳的京剧艺术。1923年秋，二人相见，一见如故。周信芳说："相识满天下，知心能几人。今天我们能一见如故，明天就以兄弟相称吧。"

从此，二人交往甚密，一起切磋戏剧曲目。

1928年，田汉创办了南国艺术学院，不久受挫停顿，转而集中力量办南国剧社。剧场难借，又没戏台，在周信芳的全力支持下，公演赢得了广大观众的热烈欢迎。

1930 年,田汉改编的《卡门》被国民党当局禁演,田汉遭搜捕。由于鲁迅先生的及时警告,田汉转移,悄悄来找正在演出的周信芳,周信芳给田汉改了装,又拿出钱给田汉,然后设法将其送到日租界的一位朋友家里,田汉才免遭拘捕。

1937 年,抗日战争爆发,周信芳、田汉等人冒着敌人的轰炸,在上海为不做亡国奴而奋勇斗争!

1948 年,田汉离开上海,进入解放区。

田汉与周信芳再次见面,已是新中国诞生前夕。1949 年 6 月,周信芳被选为出席全国第一届文代会的代表赴京开会。在灿烂阳光下战友重逢、感慨万千。此后,田汉在北京担任文艺界的领导工作,历任文联常委,文化部艺术局局长、中国戏剧家协会主席等职务,周信芳还是在上海从事戏剧活动,任中国戏剧家协会副主席、剧协上海分会主席、上海京剧院院长。他们虽然远隔两地,却仍在同一条前线上工作,两人南来北往、凡相聚必作长谈,分别时又总依依送行,友情与日俱增。

1961 年 2 月,文化部隆重举行周信芳演剧生活六十周年纪念活动。田汉到会作了题为《向周信芳同志的战斗精

神学习》的讲话，高度赞扬了周信芳的战斗精神，革命热情以及对京剧艺术的贡献，称他为“战斗的表演艺术家”。在纪念活动中，周信芳先后在北京、上海演出了《打渔杀家》、《乌龙院》等拿手好戏。田汉欣然命笔，赠诗四首，其中两首为：

喜为人间吐不平，早年英锐已知名。
曾因王莽诛民贼，亦借陈东励学生。
手创移风肝胆壮，扶持南国意图新。
登场犹忆鱼龙会，武二刀光一座惊。

六十年来磨一剑，精光真使金石开。
由它眼弱和头白，唱通山陬与海隈。
万死不辞尊信国，千山所指骂王魁。
乾坤依旧争邪正，珍重先生起怒雷。

诗中巧妙地列举了周信芳各个时期编演的剧目《王莽篡位》、《徽钦二帝》、《文天祥》、《义责王魁》等，称赞周信芳正是通过这战斗的历程，实现了自已的非凡人格。

60年代第一年，田汉因工作到上海，正逢农历除夕。周信芳的夫人到海外探亲去了，家里只有周信芳一人。田汉怕老友感到孤寂，除夕之夜特地来周家陪伴。两人作竟夕之谈，直到次日凌晨，大年初一的爆竹响起时，他们的谈话还没有结束，数十年的友情真比流水还长。

1963年年末，1964年初，上海举行华东话剧会演。田汉作为中央有关部门的代表到上海，可是那个叫喊“大写十三年”口号的华东局领导人以及张春桥等，给田汉以冷遇，并对他排挤、诬陷。那次，田汉与周信芳虽然仍彼此看望，但是“山雨欲来风满楼”，他们心境都不好，因此二人忧心忡忡，有许多话不便明说，只能通过忧郁的眼神，相互心照不宣。这大概就是他们的最后一次会面，也可以说是最不愉快的会面了。

陶行知对高士其的支持帮助

1988 年 12 月 19 日，全国著名的科普作家高士其因病逝世。他与病魔斗争了半个多世纪，在孜孜不倦的辛勤笔耕中，写下了大众化科学史上光辉的一页。

高士其的科普创作生涯，与人民教育家陶行知先生有着密切的关系，这里面有一段感人的故事。

1930 年秋天，高士其留学归国。由于在美国学习期间，一次解剖实验不慎感染了病毒，造成难以治愈的后遗症，使他手脚行动不便，但丝毫没有影响他的智力、聪慧和报国热忱。

高士其先在南京中央医学院找了一份工作，却因为看不惯那里的贪污腐败行为，又不愿同流合污而辞职。后来到上海，本想谋求适合自己做的事情，不料处处碰壁，许多人担心他的病会传染，根本不见他，更谈不上帮助他。高士其只好东搬西挪，过着亭子间贫病交加的生活。

正陷入一筹莫展的困境之中，高士其在美国留学时结识的李公朴先生向他伸出了热情之手，并把高士其介绍给了陶行知。这时是1932年，陶行知刚从日本回来，在上海组织发起“科学下嫁”活动，向人民大众广泛宣传通俗科学知识，办有自然学园，组织编写儿童科普读物。当他在李公朴的住处遇到了高士其，听完李公朴的陈述，心里就产生了一个想法。回去后他和朋友们商量说：“像他（高士其）这样一个为科学而献身的人，我们应当设法使他学有所用，不要埋没了这个人才。”

几天后的一个傍晚，陶行知把高士其接到了自然学园。

从此，不仅改变了高士其的境况，更重要的是在高士其眼前打开了一个崭新的世界。

高士其住在这里，生活有了保障，他上午看书、查资料，下午写作，编写《生活卫生活页指导》。高士其经常把写好的作品拿给陶行知看，陶行知则鼓励他用通俗的语言阐明科学道理，让人民大众能够看得懂。陶行知说：“写文章就是写话，要用口语才好。”高士其不但铭记着陶行知的谆谆教导，而且思想感情也转向到热爱人民，向人民学习，为人民服务方面。

这期间，陶行知还邀请高士其等人一起创办了一所儿童科学通讯学校，旨在造就科学的儿童与科学的民众成为科学的民族，以适应科学的世界。

高士其经常到陶行知家里聊天，家里人待他十分热情，使他感到心里暖融融的。这时，高士其用了陶行知资助他的钱买了参考书，三个月的时间完成了《微生物大观》这部著作。陶行知为了让高士其有更多施展才华的机会，到处奔波，为他开垦新的天地。

抗战以后，高士其从上海奔赴延安，又从延安到了重庆。他受到党中央无微不至的关怀，毛主席、周总理等许多老一辈革命家都亲自过问和安排他的生活。

陶行知这时已在国外，向世界人民宣传中国人民抗日救国主张，并于 1938 年 8 月回国，之后在重庆创办育才学校。

1939 年夏天的一天，陶先生抱着西瓜去看望高士其，久别重逢，喜出望外。当陶行知看到高士其病得相当严重，

却依然坚持不停地写作时，深为他的毅力和精神感动。

不久，由陶行知组织发起的“抢救高士其”募捐活动在重庆市内开展起来，一共募捐到一千元，让他到香港治疗，接过这钱，使高士其激动不已。在党和陶行知的帮助下，高士其赴港就医。

许多年之后，高士其在回忆这段往事时这样说道：“在那吃不饱，饿不死的关头，陶先生不但自己关心帮助我，还动员许多朋友来关怀和帮助我。”高士其在港治疗期间，不断收到陶行知的信，封封热情洋溢，称赞高士其的科学小品是小朋友的需要，是劳动大众的需要，是祖国人民的需要。当时上海出版了他的几本科学小品集——《我们的抗敌英雄》、《细菌与人》、《抗战与防疫》、《细菌大菜馆》，陶行知马上写信把这好消息告诉了高士其。

解放以后，高士其成了受人尊敬的科学家、作家和诗人。然而、不管岁月流逝，风霜雪雨，高士其始终没有忘记陶行知先生给予过的指导和帮助，心中永远珍藏这份真挚的友情。在古稀之年，他曾两次拿起笔，表达对陶先生深深的崇敬和怀念之情。如今，这份墨宝珍藏在安徽省陶行知纪念馆内。

徐海东两次救护郭述申

1934年初，红二十八军新成立不久，国民党反动派进攻苏区的兵力又加强了。由于敌人反复围剿，搞“过梳子”战术，因此，粮食都被敌人抢走了。人民群众生活非常困难。大别山区的皖西北几乎整村的人饿死。偏偏在这个关键时刻，担任皖西北地委书记兼红二十八军副政委的郭述申又重病缠身，终日不思饮食，卧床难起。这时的党、政、军工作，全由红二十八军军长徐海东承担着。

当时，斗争局势险恶，红军几乎天天行军、转移，天天有战斗发生。为保障胜利，部队越精干，机动性越强越好。不少人劝徐海东把郭述申留在地方上养病，以减少军队负担，

徐海东坚决不同意。他说:“白色恐怖这么严重,哪里藏得了地委书记?敌人悬赏取他人头哪!”徐海东部署完党政军工作,又亲自组织医治郭述申的病患,连每天抬担架的人选都亲自过问。郭述申十分感动,几次要求把自己安置在地方,不要太使红军官兵为自己付出血汗代价。徐海东却诚恳地说:“留你在军中不是累赘,是主心骨哇!我还有事请示、汇报、商量啊!”

在整个转战中,徐海东专门给郭述申配了担架队,他挑选了十名体质好的红军战士和临时请的老百姓一起,负责郭述申的医疗、保卫和其他事务。每次宿营,徐海东必去探望,还亲手给郭述申搭席棚防雨防露防晒防湿防敌。

郭述申在担任二二四团政治处主任时,团里没有政治委员,政治工作基本由郭述申承担。发生拐河战斗的当天,敌人来势汹汹,团里战斗力较弱,仓促上阵,团长张绍东又怯战。军长吴焕生发现后,同副军长徐海东紧急调兵,采取果断措施,带部队冲上去,顶住了敌人,才免于更大的伤亡。

长征到了独树镇,军保卫局长戴季英等人找徐海东研究捕杀郭述申,说拐河战斗发生军心动摇队伍溃退责任全由郭述申负,公然说郭述申是“反革命”、“第五党领袖”。

耿直忠心的徐海东一听就火了，气愤地拍着桌子说："说郭述申同志是反革命，我们都是反革命！你们这些人，把老郭整得还不够吗？你们还想干什么？把忠臣良将都害死？不干共产主义了吗？那才叫真正的反革命哩！"

徐海东怕戴季英等一伙王明路线的忠实执行者不听他这个副军长的话，立即又去找政治委员程子华、军长吴焕生等，军领导一致同意徐海东的认识，才使团政治处主任郭述申幸免于难。

徐悲鸿诚助“二石”

在中国画坛，生长在南方和居住在北方的现代画家傅抱石、齐白石被称为南北“二石”。傅抱石是中国杰出的山水画家，曾任中国美术家协会副主席，江苏省画院院长，他和关山月合作，为人民大会堂绘制了《江山如此多娇》大幅壁画。他还为郭沫若的《屈原》一剧设计过服装，同时又擅长金石篆刻，是个多才多艺的画家；齐白石是尽人皆知的国画大师，他独具特色的艺术珍品作为国家的宝贵文物享誉中外。而他们的成名，是与画坛伯乐——徐悲鸿的发现和扶植分不开的。

徐悲鸿以中国卓越的画家著称于世，他画的马驰名世

界,但许多人却不知道在他58岁的一生中,他把美术教育事业放在第一位,把个人创作放在第二位,从事美术教育工作三十多年,把美术教育作为他毕生坚持不懈殚精竭虑的事业。

1931年,任南京中央大学艺术系教授的徐悲鸿带学生到庐山写生,路经南昌。这年,近30岁的傅抱石正怀才不遇,湮没于陋巷。傅曾是制伞工人,完全靠自学成才。当时正在一所小学代课的傅抱石,有一天到寓所拜访徐悲鸿,他拿了几块图章和几张画。徐悲鸿发现图章刻得很好,又看他的画气势不凡,就要他再拿些画来,并留下他的地址。

第二天,徐悲鸿回访了傅抱石。傅抱石受宠若惊,不知如何是好,特别是听徐悲鸿说:"你前途无量,应该去留学,去深造。"他简直不敢相信自己的耳朵,觉得自己好像在做梦。

徐悲鸿为傅出国四处奔走,争取资助,他找到当时的江西省主席,拿出自己的一张画,说:"这张画留下来,就算你们买下的,南昌出个傅抱石,是江西的荣誉,你们应该拿钱,让他深造。"省主席只好同意出一笔钱送傅抱石去了日本。

1929年,蔡元培推荐徐悲鸿担任北平艺术学院院长,在北平，徐悲鸿意外地发现了齐白石的作品。齐白石当年已66岁，但他的艺术横遭画坛保守派的排斥。当时北平美术界很保守，北平艺术学院的中国画教学掌握在保守派手里，画必称“国王”（清初画家王时敏、王原祁、王翚、王鉴，他们一味崇古，趋于程式化，缺乏艺术应有的生活气息），学必循《芥子园》（清代广泛流传的中国画基本技法图谱），教学改革为保守派所不容。

齐白石30多岁尚未步入画坛，只是个匠人，57岁时为避战乱来到北平，以卖画为生，并无人问津。他“衰年变法”，闭门十年，大胆突破传统手法，博采众长，形成了自己的独特风格，在美术界独立门户自成一派。徐悲鸿到北平，一眼就看准“衰年变法”的齐白石，认为66岁的齐白石“在中国画坛仍然是一匹能够奔驰的千里马”。他两次登门邀请齐白石为“北艺”教授，没有得到老人的同意，又第三次去邀请。他的诚意和苦口婆心的说服，感动了老人。徐悲鸿亲自驾车接白石老人踏上了学院的讲台。他对学生讲：“齐白石可以和历史上任何丹青妙手媲美，他不仅可以做你们的老师，也可以做我的老师。”徐悲鸿为齐白石办画展、编画集，还亲自为画集作序。

后来,徐悲鸿又回到了南京中央大学艺术系,告别北平时,齐白石画了一幅《月下寻归图》送给徐悲鸿并题诗一首:“草庐三顾不容辞,何况雕虫老画师,海上清风明月满,杖藜扶梦访徐熙。”二人分别后经常互赠诗画,成为莫逆之交,感情十分深厚。

傅抱石与陈之佛莫逆之交

傅抱石，原名瑞麟，1904 年生于南昌城。父亲是个伞匠，在傅抱石 10 岁时去世。母亲白天修伞，晚上给人洗衣服，生活非常艰辛。

母亲无奈，只能送傅抱石到一家瓷器店当学徒。在这里，傅抱石开始对绘画发生了浓厚兴趣。他常去裱画店去看挂在那里裱糊的书画，在许多作品中，他最喜欢两位画家的画：一位是石涛，另一位是又名“仓石”的吴昌硕。他们的艺术风貌和独创精神，令他赞叹不已。所以，他下决心要抱住这两块“石头”不放，刻苦磨炼，执著追求。于是他改名“抱石”以明志。

17岁他考入南昌省立第一师范，毕业后留校教授美术史和篆刻。1933年春，他在艺术大师徐悲鸿的大力推荐下，得以公费赴日留学。

留学前的一天，天色已近黄昏。南京徐悲鸿寓所的客厅里灯火通明，高朋满座。为傅抱石出洋留学，这里摆了一桌丰盛的饯行宴席，陪客大都是当地的名流和学者。徐悲鸿将他们向傅抱石一一作了介绍，当介绍到陈之佛时，傅抱石笑着说；“虽然陈先生不认识我，可我早已认识陈先生了。”

早在傅抱石读师范时，已非常喜爱读由陈之佛设计封面图案的杂志《东方杂志》、《小说月报》等，对陈之佛的早期作品《图案ABC》更是不胜羡慕之至。这次他赴日留学，专程来南京向徐悲鸿辞行，有缘能与陈之佛相遇，真是他作梦也没有想到的一件事。

陈之佛给他留下的印象是谦虚朴实，平易近人，一个风度文雅，个子矮墩墩的学者。他待人诚恳，为人耿直，是一位值得交往和令人尊敬的长者。这次在酒席宴上，通过徐悲鸿的纽带作用，他俩从此建立了难忘的友情。

1935年9月，傅抱石从日本东京学成回国，受徐悲鸿邀请,来南京国立中央大学艺术系任教,与陈之佛在同一个系工作。陈之佛与傅抱石在东京帝国美术学校先后同过学,现在又在一起工作,竟长达二十四年之久,始终没有离开过。直到1958年陈之佛调任南京艺术院副院长,才暂时分离。

抗日战争爆发后,中大迁到重庆沙坪坝。在那八年离乱的艰苦岁月里,陈之佛像长兄一样,关怀器重傅抱石的出众才华;而傅抱石则非常尊敬陈之佛的为人正直,始终以长辈相待。患难见真情,二人推心置腹,无话不说,情同手足。在艺术上,他们通力合作,相互切磋,共研画事;在生活上,他们相互关心、相互勉励、相互支持,相濡以沫。

陈之佛作了一幅《梅雀图》,画的是一株冲寒怒放的白梅老干上,三只冻雀正瑟缩在枝头,形象地描绘出旧社会知识分子所遭受的不幸际遇。傅抱石很欣赏这幅画,并为画题跋。

解放前,陈之佛和傅抱石都先后举办过几次个人画展,作品很快被抢购一空,他们换得了不少现钱,这样大家才共同度过了百物昂贵、通货膨胀的生活难关。

1945年2月,重庆"校场口"事件发生后,由郭沫若、徐悲鸿发起，在《新华日报》上发表文艺界对时局的宣言。陈之佛、傅抱石带头签名。同年4月，国民党在《中央日报》上发起反签名运动，但都被他们严词拒绝了。

1949年4月南京解放后，中央大学改名为南京大学，陈之佛和傅抱石都留任艺术系教授。1952年全国进行院系调整，南京大学将师范学院部分划出，成立了南京师范学院，他们又任该院美术系教授。1956年，陈之佛光荣地加入了中国共产党，1958年调任南京艺术学院副院长。

陈之佛除教学外，一生共创作六七百幅工笔花鸟画，在他一天劳累之后，回到家里，往往感到体力不支。虽然如此，但他仍继续辛勤地工作着，有时还风趣地笑对别人说："老牛拉破车嘛！"

1962年元旦刚过，正在美协江苏分会和省国画院举办的"石鲁画展"座谈会上作学术发言的傅抱石，惊闻陈之佛因脑溢血送医院抢救的消息，陈之佛终因病情严重，抢救无效，几天后逝世，终年66岁。

在追悼会上，傅抱石失声痛哭，这哭声中有痛惜，也有追悔。一个人只有在失去了友情，失去了最亲密的朋友之后，才能真正体会到友情的珍贵。现在他已是高山流水，无

处觅知音了。

三年半以后，即 1965 年 9 月，傅抱石也溘然长逝于南京，享年 61 岁。

傅抱石和陈之佛，一位出生在浙东，一位生长于赣北，一个偶然的机遇，把两位志趣相投的艺术家，紧密地联系在一起，建立起友情，成为莫逆之交。他们对艺术苦心孤诣，执著追求，终生不渝，成为饮誉海内外的中国画画家。

邓稼先与杨振宁

在20世纪中叶的科学天幕上，有两颗令炎黄子孙引为自豪的闪亮星斗。它们分别升起在太平洋东西两岸，光芒耀眼，交相辉映。

这是两位卓越的核物理学家。

一位是美籍华人杨振宁教授。他与李政道教授共同提出的宇称不守恒原理，开辟了微观粒子研究的新天地，荣膺1957年度诺贝尔物理学奖，从此奠定了他在国际学术界的地位，成为腾起的科学巨星。

一位是中国原子弹、氢弹事业的先驱邓稼先。他为在中华大地上点燃神奇之火，殚精竭虑，辛勤耕耘了三十年。

只是由于他所从事的工作性质特殊，一直到他去世前不久的 1986 年，他的英名始被人们传诵。

至今鲜为人知的是，这两位同样对科学做出巨大贡献，又走过各自不同人生轨迹的科学家，他们之间相交相知五十年，至诚相待，意气相投，他们真诚的友谊，谱出了现代科学史上的一段佳话……

杨振宁与邓稼先从小就读于北京西单一所英国人办的教会学校——崇德中学。他们的父亲同在北京清华大学任教，因此两家的来往很密切，从小彼此意气相投。

振宁比稼先大两岁，他天资聪颖，才思敏捷，是个老师和同学都喜欢的“机灵鬼”。可是他从不恃才自傲，也从不欺负弱小同学。稼先也很聪明，但性格较为沉稳，待人忠实厚道，真诚可靠。这两个朋友在一起，互相都很珍视对方身上的长处，并作为自己性格的补充。

抗战时期，他们因学校迁往昆明，又先后考入西南联大物理系，共同在一起学习了三年。他们一起躲警报的时候，共同阅读从图书馆借来的专业书籍，共同讨论物理学上的问题。西南联大的学习生活，对振宁和稼先一生都很重要。他们不但学到了丰富的物理学知识，而且在残酷的战争和艰苦的生活中锤炼了意志，也加深了他们之间的友谊。这两个青年亲身体验到民族被蹂躏的痛苦，决心掌握先进的科学知识，将来为国家做出自己的贡献。

1945 年抗战胜利后，振宁、稼先先后考取了留美研究生。他们相聚在异国，在芝加哥稼先与振宁、振平（振宁的弟弟）同住在租来的一间房子里，一起游玩、散步、聊天，同温儿时的情景，探讨学术上的问题。这是他们在美期间相聚时间最长，玩得最尽兴的一次。在振宁和稼先的家里，至今仍保存着他们当时合拍的照片。

后来，杨振宁与在美留学的杜聿明先生的女儿杜致礼结婚，在美定居，从事理论物理的科学研究。

邓稼先在 1950 年 8 月 20 日，取得博士学位，冲破重重阻挠，于 8 月 29 日登上归国的路程。

在美留学期间，振宁和稼先都是用两年攻下了博士学位,他们却掌握了当时处于世界最前沿的理论核物理科学,为他们将来卓越的成就奠定了坚实的基础。

1958 年春天,一副历史的重担压在邓稼先的肩膀上,他被选作研制中国第一枚原子弹的主攻手。在这个神秘而充满荆棘的领域里开始艰难的起步。

1964 年 10 月,神州升起第一朵蘑菇云,全国人民为之欢腾。杨振宁这时也成为美国国家科学院院士。他听到这一喜讯,激动不已。一直想回国看看,由于政治上的原因,1971 年才实现这个宿愿。但稼先已被关进“学习班”,由于周总理的干预,这对阔别二十多年的老朋友,才得以相见。稼先在得到总理的批示后,将原子弹是中国人自力更生制造成功的消息告诉振宁时,他再也控制不住汹涌的激情,热泪滚滚而下。

近年来,杨振宁更加关心祖国的科学事业,多次到中国讲学和访问,他给稼先带来交响乐唱片及一副设有电脑程序的国际象棋,要稼先注意休息和娱乐。

极度的紧张和繁忙,过早损蚀了稼先的健康。1985 年稼先得了直肠癌,而且癌细胞已扩散……

稼先住院期间,振宁二次前往医院探视,并在美买到治疗新药，请大使速送北京，但已为时晚矣，1986 年 6 月振宁又来看望稼先，并送上一大束鲜花。稼先吃力地对妻子说：“振宁知道我不行了，所以送来特大的一束鲜花……”

1986 年 7 月 29 日，一颗科学巨星陨落了。1987 年 10 月，杨振宁来到中国，前往八宝山革命公墓祭奠稼先。他徐徐步行到墓地，献上一瓣心香，洒泪痛悼故友，悲不自胜。他想起了稼先与他的半个世纪的友情。他曾写信慰问稼先的夫人，“希望你在此沉痛的日子里多从长远的历史角度去看稼先和你的一生。只有真正永恒的才是有价值的。”振宁听人说，稼先被委以重任时就说过：“为了完成这项任务，死了也值得。”在去世前几天，稼先又欣慰地自语：“我死也瞑目了！”振宁默默地说：“稼先，你功垂千古，你可以无愧地长眠了！”

杨振宁和邓稼先，他们都是杰出的炎黄子孙，他们的友谊经受了时间和历史的考验。他们的友谊属于那种高层次的、超越世俗观念的、赤诚相见的挚友神交。他们应该是民族的永恒的骄傲！

董存瑞与郅顺义的战友情

解放战争中，东北野战军的一支部队正在平北四海地区休整。

有一天，班里分来了一个新战士，他叫郅顺义。副班长董存瑞热情地招呼他，搬凳、倒水，全班战士都围上来，问长问短。郅顺义已经30岁，家有妻儿老小，但经过一再要求，终于实现了参军，打老蒋，保卫胜利果实的愿望。董存瑞了解到他的情况，非常钦佩他当兵的勇气和决心。他看到郅顺义的衣服破了，鞋也磨出了窟窿，露出脚趾头。便急忙打开自己的小包，拿出一套半新的军装和一双新鞋，塞到郅顺义手中，郅顺义看看董存瑞身上那补了又补的旧军装，心里感动极了。

晚上,班里开完迎新会,董存瑞还继续跟郅顺义唠家常,好像分别多年的老战友又重逢似的。他给郅顺义讲革命道理,教他射击、投弹和刺杀,就是吃饭、睡觉、执行勤务,他也无微不至地关心、照顾。

一天,董存瑞和郅顺义坐在一块擦枪,他看到郅顺义拿着枪机出神。原来,郅顺义参军后,看见班里老同志手里都有一支枪,非常羡慕,他天天盼发枪,盼得真着急。尤其是上岗时,是背着别人的枪,下岗后又要还给人家,心里真不是滋味。

董存瑞了解到郅顺义想得到一支枪的迫切心情,很理解地笑笑说;"枪有的是,到战场上去领吧!"说着指了指自己手中的枪,告诉郅顺义,这枪就是从敌人手里夺过来的。

机会终于来了,在一次战斗中,董存瑞所在的大班担任了反击任务。

我们的迫击炮把敌人的机枪轰哑了,部队开始发起冲锋。董存瑞一面向溃退的敌人追击,一面指着右前方说:"你看那儿!"郅顺义定神一看,那边有几具敌人尸体,一支七九步枪完好无损地扔在那里。郅顺义乐得直蹦高,他捡

起枪,与董存瑞继续追击敌人。

战斗结束了,为表彰郅顺义在战斗中的勇敢表现,上级给他记了一小功,缴获的那支步枪也归他使用了。郅顺义谦虚地说:多亏了咱副班长和咱班里的老同志的帮助。

打这以后,董存瑞更是积极、热情地帮助郅顺义,特别是从政治上、思想上,处处注意帮助自己的新战友,提高阶级觉悟,增强革命斗志。

农历年三十,部队又打了一个漂亮的歼灭仗后回到驻地,战士和群众都在欢欢喜喜准备过年。董存瑞照例检查每个战士的武器、装备是不是符合作战要求。检查到郅顺义,看见他脚上的鞋开了个大口子,就嘱咐他抓紧时间缝一缝。郅顺义答应着,顺手掏出锥子和麻绳来,正要补鞋,转念一想,战友们都在忙着帮炊事班做饭,帮老乡挑水扫地,我怎么好意思坐在屋里补自己的鞋呢,明天再说吧。这样想着,他放下锥子麻绳,走出屋去。

不料,刚吃过晚饭,就传来急促的号声,部队紧急集合,开始了急行军。郅顺义跟着队伍跑了一会儿,就觉得鞋不跟脚,他蹲下身子一看,鞋底就要掉下来了,他掏出麻绳想捆一下,董存瑞从后面赶上来,塞给他一双新鞋。这一夜,部队走了一百二十里路，第二天早晨终于追上了正在溃逃的一股国民党匪军，完成了战斗任务。

回到驻地，夜里郅顺义一觉醒来，发现董存瑞不在身边，他睁眼看看，董存瑞正在油灯下缝补自己行军中扔掉的那双鞋。他飞针走线，聚精会神，把对战友的深情全部倾注在那针线上面了。郅顺义只觉得心里一阵滚烫，久久地望着副班长，回想着参军几个月来董存瑞对自己一次次耐心的教育，一回回热忱的帮助，感到革命队伍的温暖。

宋振庭与傅抱石的特殊友谊

宋振庭1921年生于吉林省延吉市，只读到初中，16岁便投身抗日洪流，奔赴延安参加革命。他是在革命烈火中锻炼成长的共产党的一位高级干部。解放后，他一直担任文教宣传方面的领导工作，同时，他又是一名出色的马列主义教授，著名的杂文作家，还是戏剧家协会会员，新闻协会理事；他善于吟诗作画，出过画集，开过画展；他还懂得医道，能把脉开方子。在党的众多老干部中，像他这样博学多才的人实不多见，可说是个奇迹。

宋振庭愿意广交朋友，他结交的人非常广泛，可谓三教九流。他有很多艺术界的朋友，相交都很深，他与大画家傅抱石的关系,更为特殊,颇有些传奇色彩。

1959 年傅抱石和关山月为人民大会堂创作了《江山如此多娇》的巨幅国画以后,1961 年夏作了一次愉快的东北之行。宋振庭在北京曾看过这幅气势磅礴的杰作,对他十分欣赏慕名已久。他们二人到长春后,作为吉林省委宣传部长的宋振庭,与吉林的美术界人士接待了这二位大师。

傅抱石的脾气很倔傲,对一般领导干部是并不在意的。画家们在一起,三句话不离本行,聊起画来,宋振庭有时就插上几句。傅抱石听了很觉意外,开始注意宋振庭了。他们聊起了笔墨源流,题画诗词等,初次交谈就十分合拍,两人都很愉快。

第二天晚上他们再见面时,傅抱石就开玩笑地说:“宋部长,你今天请我喝酒好不好?”宋振庭赶忙找来一瓶茅台,两人对饮交谈起来,他们天南地北、海阔天空,像故友重逢那样投机和贴心,都觉相见恨晚。后来,傅抱石要宋振庭对他的画提提意见,宋振庭也就直率地指出了他的缺点和不足之处。傅抱石听了以后,站起身来整整衣衫,对宋振庭行了个鞠躬礼,说道:“你是我的老师!真是与君一席话,胜读十年书。”他的举动,搞得宋振庭很不好意思。因为谁都知道傅抱石这个人是很清傲的，自称为“江西犟人”。事后，他对关山月说：“想不到东北还有这么个人，地方官里还有这样懂艺术的人。”

后来接连几天，他们促膝长谈，越谈越深。傅抱石谈到自己小时候的贫困生活，刻苦学画的经历，后来怎样得到徐悲鸿的赏识，留学日本。还介绍了自己的家庭，妻子儿子的情况。宋振庭也说起自己16岁初中毕业，奔赴延安投身革命洪流。又如何读书、求知，遭遇很多挫折，付出了高昂的代价。他们互相间交换了很深的思想。他俩一见倾心，结为知己。傅抱石一般是不轻易给人画画的，可这一次，他给宋振庭一连画了十几张。

傅抱石来东北时，带了四张扇面画，是他画的《离骚》和湘夫人等人物，背面还题了诗，都是精品。在北京已被郭沫若等人要了二张。一路上，关山月都在打他的主意，傅抱石就是不肯给。这次到长春，竟把两幅扇面画统统送给了宋振庭。在回去的路上，傅抱石还多次和别人谈起宋振庭，说这次在东北，我结交了一个新朋友宋振庭，省委宣传部长，官不算太大，但很难得。回到南京，对夫人罗时慧说：“人活一辈子有些事很奇怪，这次在东北认识了宋振庭，我们虽是初交，但却一见如故，两心相印，三生有幸，四体不安，五内如焚，六欲皆空，七情难泯，八拜之交，九死不悔，十分向往。”他一口气说了十字真言。

经过十年动乱，一别多年之后，当宋振庭去看望傅抱石夫人罗时慧时，她还说：“你们两人感情深到这个程度，对抱石来说是少有的。”的确如此，宋振庭和傅抱石单独交谈的时间，前后加起来不超过三十小时，竟能达到如此深交的地步，不能不让人赞叹这种友谊的传奇色彩。

诗人李季和铁人王进喜

李季是一位诗人,是《王贵与李香香》的作者。解放以后,作家们纷纷走向生活,投身到社会主义建设的滚滚洪流中,奔向自己选定的生活基地。当时,正在《长江文艺》任主编的李季,决定到玉门去,加入到石油工人的行列中去。从此,他和石油结下了不解之缘,也和石油工人结下了深厚的情谊。

李季有一个信条:要爱一个地方,就要把自己变成不折不扣的当地人。在玉门油矿,他担任着矿党委宣传部长。他经常穿一件老羊皮大衣,出现在荒凉的戈壁滩,从一个井架跑到另一个井架,他成了这里的大忙人,他几乎"忘记"

了自己的作家身份。正因为如此,工人们都愿意和他交朋友。

还是在铁人王进喜做井场勤杂工的时候,一天早班乘交通车的时候,他们在车上面对面站着,互不相识。李季的眼前是一个黑红脸膛的健壮的青年。下车时,李季差点在雪地上滑倒,那个青年上前扶了他一把,他道声谢谢就分手了。当李季赶到青草湾一号井场,登上钻台,仰视着钻头上下起落,泥浆夹着雪花飘落着。忽然,一双有力的手把他拉下钻台,接着耳边响起了浓厚的甘肃河西口音:"不戴铝盔不准上钻台!"声调很严厉。他一抬头,正是早班车上遇到的青年。李季笑了,忙接过他递来的铝盔,好奇地问:你是哪里人?搞什么工作?他回答说:赤金人,当井场工,名叫王进喜。此后,两人常常见面,彼此也很喜欢对方。当时李季不会想到,王进喜后来成为工人阶级的楷模,但他像爱每个玉门人一样爱着这个朴实的"油娃子"。

1957年底,李季又一次来到玉门油田。他披着当年的老羊皮袄,刚出现在戈壁滩上,王进喜和工人们就把他围住了。人们卷起"莫合烟"一支接一支地吸着,苦涩的烟雾弥漫了满屋子,知心的话儿像淌不尽的小河,工人们把自己的欢笑、忧愁、爱和憎，一股脑儿说给李季，李季也给他们介绍了社会主义建设的大好形势。他们从傍晚唠到天明，方才散去。

到了60年代初，大庆石油会战，王进喜到了大庆，李季也赶去了。油田指挥部为了照顾不肯休息的铁人，安排他和李季同住在招待所的一个房间里。一天深夜，王进喜不见了，李季四处找他。忽听见咚咚声响，走近一看，铁人正在打夯，他累得浑身冒汗，嘴里呼呼地喘气。李季很奇怪，问他深更半夜打夯做什么？铁人说，眼看冬天到了，总不能叫大伙儿睡在野外，他想起小时候在老家，父亲就是教他用黄泥沙土打墙，叫“干打垒”，他正在试验这里的土质行不行。李季发现他没穿大衣，问他，他说给了值班的司钻。李季感动得眼圈发红，他看到了一颗善良、高尚的心灵。他把自己的大衣披在王铁人身上，不由分说地把他拉回了招待所。第二年冬天，王进喜探亲路过兰州，李季写了封信，叫人把他留在那里的老羊皮袄送给了过路的王铁人。这件老羊皮袄，曾陪伴着李季迎击玉门的风雪，现在，又披在了铁人身上，陪着他抵御东北的严寒，迎接中国石油工业的新发展。

1970 年，李季正在湖北的五七干校劳动。一天，突然从广播喇叭里传出了王铁人病逝的消息。正走在田埂上的李季听到这个消息，两眼一黑，只觉脚下发软，便无力地跌坐在田埂上，泪水不住地淌在水田里。他早听说过铁人受迫害的情况，但万万想不到，他竟这么快就倒下了，再也起不来了。李季感到从未有过的空虚。这些年，他挨过批斗，受过审查，被剥夺了写作的权利，但并没有灰心，总觉得身后有靠山，这靠山就是王铁人和千千万万个石油工人。他深信，总有一天，他还会用自己的笔来唱出心底的歌。可是，铁人的死给了他一个痛击！他的信念几乎崩溃了。

粉碎四人帮以后，已经五十多岁的李季重新焕发了青春，他跑遍了十几个油田，连续写出了反映石油工人劳动生活的诗篇。他手捧这些诗稿，想起自己的挚友王铁人，从心里发出一个声音：铁人你看哪！阴霾已经驱散，我的笔又在歌唱了！

雷锋与战友并肩前进

雷锋常说:“一花独秀不是春,百花齐放春满园。”

在他的带动和影响下,全班团结一心,在学习和各项工作中都做出了突出的成绩,战友们认为,所有这些成绩的取得都和雷锋分不开。

班里有个战士叫小乔,干工作样样都好,就是文化程度低,影响了他的进步。雷锋帮助他,真是下了苦功夫,给他讲学文化的重要性,讲学习方法,在他遇到困难打退堂鼓的时候鼓励他增强信心。这样,经过一段苦学,小乔有了明显进步,语文测验得了一百分。小乔高兴地对雷锋说:“这个一百分,有你的一半功劳。”学算术的时候,小乔遇到了更大

的困难，怎么也“不开窍”，雷锋又拿出了比以往更大的耐心和更高的热情，帮助他、点拨他，使小乔这个近乎文盲的战士，学会了加减乘除这些简单的数学运算。

同班战友小周是个乐观的小伙子，一天，他接到一封家信后，变得心事重重，沉默寡言。经过了解，雷锋才知道小周的父亲得了重病。小周思想进步，工作积极，不会因父亲有病而请假，只能在心里暗暗地着急。于是，雷锋设法问清了小周家的地址，用小周的名义写了一封信，还寄去了十元钱。

不久，小周接到家里的回信，告诉他寄去的钱收到了，吃药以后，父亲病见好，叫他安心工作，不要惦记家里。小周非常奇怪，我没有给家里寄钱呀？当他了解到是雷锋以他的名义给家里寄的钱，感动得不知说什么好。

一天，同班战友小韩的棉裤被汽车电瓶里的硫酸烧了

一个洞。他出车回来很晚,又累又困,钻进被窝就睡了。

雷锋夜里带班回来,看到有的同志蹬开了被子,他就轻手轻脚地过去盖好。这时,他发现了小韩被硫酸烧坏的裤子,心想,天这么冷,明天早晨不能让小韩穿这样的裤子去出操、出车。雷锋拿起小韩的棉裤想给他补一补,可一时又找不到合适的补钉布,琢磨半天,发现自己棉帽里的衬布很合适,便拆下来,一针一线地把棉裤补好。第二天出完早操回来,大家围在火炉边烤火时,小韩才发现自己的棉裤已经补好了,他惊奇地叫起来:"是谁给我补的裤子?"大家都摇头,雷锋也默不作声。后来一个同志终于告诉小韩:"雷锋为了给你补裤子,半宿没睡觉啊!""又是雷锋!"小韩感动得一下抓住雷锋的手。"这点小事,瞧你大惊小怪的"。雷锋放下小韩的手,拿起煤往炉子里添。小韩和同志们望着熊熊燃烧的火苗,心里都感到暖烘烘的。

雷锋对待同志就像春天般温暖,他继承和发扬了中华民族团结友爱、和睦和谐的美德和解放军的光荣传统,时刻从政治上、思想上、生活上关心爱护每一个同志,把全班战友团结得像一个人一样,在革命事业中并肩前进。

皮定均冒险保护罗瑞卿

罗瑞卿在“文革”中受“四人帮”的残酷迫害，腿部受重伤。1974 年后，在周恩来总理的精心安排下，罗瑞卿由夫人郝治平陪伴，到福州治伤。福州有位著名的骨科大夫名叫林如高，专门负责为罗瑞卿治伤。罗瑞卿和夫人刚到福州，住在省委宾馆里。不久，被“四人帮”在福建的爪牙知道了，要揪斗罗瑞卿。福州军区司令员皮定均闻此讯后，马上派人把罗瑞卿夫妇接到福州军区驻地保护了起来。“四人帮”的爪牙竟然出动了一伙“造反派”，追到军区驻地要人。皮定均挺身而出，义正词严地对这伙“造反派”说：“罗

瑞卿是中央军委送来养病的人，我有责任保护他。人，我不能给。”这伙“造反派”只得灰溜溜地走了。

在林如高大夫的精心治理下，经过一年多的时间，罗瑞卿的病情已有好转。1976 年 7 月 6 日下午，罗瑞卿正被夫人扶着在院子里散步，皮定均来了。皮定均献上了一束刚采摘来的鲜红的玫瑰花，问：“老首长，这几天身体可好？”罗瑞卿拉住皮定均的手说：“林如高的医术真不错，你看我自己能走路了。”罗瑞卿仔细看着皮定均，关心地说：“你的脸色不太好，工作太忙吧！”皮定均说：“全国的形势这么乱，福建地处海防前线，如果不抓好部队的管理和训练，是非常危险的。我这个福建前线的三军司令，不能失职！”

罗瑞卿说：“你说得对，兵是卫国之本，我真想再下去和战士们一起生活，可惜我看来已经没有这个条件了。”罗瑞卿面对战友，摇头叹息。皮定均说：“老首长，你要好好养病，留得青山在，不怕没柴烧。只要身体养好了，重新工作的机会一定有的。”罗瑞卿说：“谢谢你的吉言，我是不会丧失信心的。”

天有不测风云，人有旦夕福祸。谁能想到，第二天上午，皮定均就在前线指挥练兵时因飞机失事殉难了。

皮定均牺牲后，罗瑞卿悲痛万分，两天吃不下饭。郝治平对罗瑞卿说："老皮同志这样关心我们，他担了多大的风险呀！"罗瑞卿说："他是一员虎将。威武不能屈，是虎将的风骨。真是危难之时见真情呀！"

穆青与一个老农的深交

“他不在了，我还真想念他。”穆青坐在新华社大楼办公室里，望着窗外飘飞的柳絮，神色黯然。他是谁，引得这位新闻战线上的老兵如此动情？是穆青的亲人，还是哪位部长、将军？都不是，他是一位在沙荒地里默默种树的老农民潘从正，人称“老坚决”。穆青同他交往长达二十五年之久，直到1989年年底老汉去世，那如兄如弟的友谊依然没有断线，可谓生死不渝。这，有文章、泡桐、墓碑为证。

1965年底的冬天，就在新华社记者穆青、冯健，周原一行人采访豫东灾区，写出了震撼人心的报告文学《县委书记的榜样焦裕禄》以后，穆青本打算接着写河南宁陵县万庄村

的“老坚决”与风沙搏斗植树造林的事迹，但是风云突变，十年动乱中，穆青全部的采访笔记本和日记，被造反派一扫而光。夜色如磐，在牛棚里，穆青暗暗对自己说；“我要写他，一定要写……”。这位无私奉献的劳动者的形象早已镌刻在他的心上，岂是风刀霜剑所能斫的！

一晃十四年过去了。雨过天晴，全国开始了四化建设的新长征。这时，穆青恢复了新华社副社长的职务。繁忙的工作，沉重的担子，不仅没有冲淡他对“老坚决”的思念，反而激起他亲自寻访这位种树老人的愿望。

1979 年初，穆青来到宁陵县万庄村外的苗圃，推开篱笆门，一眼就看到老汉正弯着腰侍弄树苗，模样消瘦苍老。老汉惊讶地回过头来，见是穆青便哭了，说：“十几年了，还没人到这里来看过俺。”是的，连当地新上任的县区干部也说不清潘从正是甚等人，以及现在是否还在种树。岁月无情，一个小人物，显然被人遗忘了。但穆青没有忘，他来了。老人披肝沥胆，倾诉别后的辛酸与艰难，没个完，没个够。穆青发现，过去省、地、县发给老人的许多奖章躺在小匣子里，已布满了灰尘，便对同行的记者陆拂为说："这是一颗尘封土埋的珍珠，我们要精心拂拭，使它重现光彩！"

1979 年 4 月，当苗圃的小树绽出嫩绿的苞芽时，穆青与陆拂为合写的报告文学《一篇没有写完的报道》问世了。像一道闪电，"老坚决"的鲜明形象突然展露在万千读者面前。人们惊叹这瘦小伛偻的老人竟蕴藏着如此坚强的毅力，他为家乡造防护林带，虽然在政治风暴中三落三起，仍然继续着。即使在十年浩劫中，造反派不给工分，不发口粮的日子里，他照样坚守岗位，靠捋树叶，摘野菜，过着半饥半饱的生活。"俺是为国家，为子孙后代！"这胸中理想之火始终不曾熄灭。穆青、陆拂为把老汉形象地比作风口织网的蜘蛛，狂风一次次撕裂它的网，而它一次次又织起新的，百折不挠，永不气馁。这种缀网劳蛛的精神，无论他已经遭遇多少次失败，无论从播种到收获要相距多少年之久，这种始终不渝的努力绝不会枉费！他的劳迹和贡献，也绝不会被历史磨灭。当穆青第四次去访问潘从正，两人栽了一棵泡桐树。穆青称它为“我心中永生的树”。他们的友谊就如这棵树,年年开花,芳香四溢。

1981 年,“老坚决”进京来穆青家做客。在主人的安排下,老汉逛了故宫、天安门、长城、十三陵等名胜古迹,受到林业部长的接见。老汉高兴地说:“过去,俺庄户人,人老几辈谁想着能到北京呀,这回俺就来啦,真像做梦一样。”可呆了七八天,老人又急着回去,怕渴坏了他的树苗。穆青懂得他的心。

穆青公出先要找机会去看望“老坚决”,老哥俩亲亲热热,难舍难分。1983 年春,老汉托人捎给穆青两棵樱桃树苗,只因穆青曾无意中提到“樱桃好吃树难栽”。说者无心,老汉却忘不了放不下,就在自己的苗圃里试栽了两年,然后亲选了二棵,包上土,装上筐,愣是让人挑着担子,从家乡来到北京,送给穆青,如今樱桃树苗已成活长大,亭亭玉立,穆青出出进进,从树旁走过,总深情地看它一眼,仿佛那就是老人的形象。

1986 年,老汉派孙子风风火火赶到北京,要看穆青。穆青吓了一跳,以为老汉出了什么事。孙子说:“俺爷逼着我到北京来,说他好几年没见你了,想你啦,非要我来看看你啥样不可。”“就为看看我，值得跑一趟北京?”穆青的眼睛一下湿润了。孙子拿出了一包花生和一瓶香油。偌大的北京哪能买不到花生、香油呢？但老汉的拳拳之忱却是千金难买的啊！

1989 年，潘从正在他的苗圃去世。消息传来，穆青流泪了，如潮的哀思在胸中翻滚，使他难以平静。宁陵县委派人来京，说是要给“老坚决”立碑，请穆青撰文并书写。这是因为穆青同死者非同一般的友情，也是因为他写得一笔好字，潇洒刚劲，卓然自成一家。他慨然允诺，觉得这是自己义不容辞的责任。不久，一篇书法与文章珠联璧合的墓志铭诞生了。它凝聚着这位老新闻记者的哀思和对亡友热烈的赞颂，是散文，也是诗。碑文如下：

长眠在这里的是一位普通的农民，他名叫潘从正，人称“老坚决”。

他在世 87 年，却有半个世纪抛家离舍同妻子住在沙荒地里培育苗圃植树造林。风沙曾掩埋过他，断粮几乎使他逃命，病了，他不肯离开，老了，还趴在地上拖着土袋修了五十米坡路。

他千辛万苦培栽的苗圃和防护林,历经劫难,几落几起,但他并没有气馁。他说:“他毁,俺栽,他再毁,俺再栽,俺是为国家,为子孙后代!”

此处原先有棵老柿树,年年都挂果,纵是压弯了腰也硬撑着。他常夸这老柿树不偷懒,说人生也是一棵树,也应该多结果。老柿树移栽到别处后,他对家人说:“我死了就埋在这里。”

如今,他的遗愿实现了。经他培育的树苗已经绿满宁陵大地,四里长的防风林已堵住了万碧风口,两千多亩风沙地也变成良田。人们将永远怀念他。你看,那高大的树干,是他坚实的身影;雪白的梨花,是他高洁的灵魂;绿色的风涛,是他爽朗的笑声;郁郁葱葱的林带,是他生命常青的丰碑……

他默默奉献的一生,是我国一代农民的风范,他为国家为人民缀网劳蛛的精神,将永远激励后人。

历史将会证明,他比我们要年轻。

“党义”寻找记

一个普通的故事,发生在80年代的中国。

长春一位家境贫困的老工人,得到一份署名“党义”的汇款。由于新闻媒介的传播,全国各地千万个“党义”向这位老工人伸出了温暖的手。

有人说今天“世风日下”。因此,这个普通的故事的意义,已大大超过故事本身。

1987年春节前夕。长春机车厂党委书记孟德喜,工会主席刘桂荣等来到距长春市区五十公里的老工人郭希有家探望。展现在他们眼前的是:土炕上一张破烂的席子,堆着一堆破棉被,坐着一个头发蓬乱,唠叨不停的疯女人;地上是猪哼,鸡飞,狗叫;六个孩子有的是哑巴,有的患有佝偻病。八口之家,只有郭希有是个整劳动力。

孟德喜心头一酸,抓住郭希有的手问:“你为什么不对组织说?”郭希有憨憨一笑:“我怕给厂添麻烦。”这三十年来,郭希有每天上下班要坐火车,倒汽车,可他从未缺过勤,每月都出色的完成生产任务。

孟德喜在中层干部会议上赞扬了他的精神。呼吁让大家多关心群众,为他们排忧解难。

几天后,郭希有突然收到一张二十元的汇款单。这是他平生第一次收到汇款,汇款的地址竟是自己工厂的地址,再看汇款人的姓名:“党义”。郭师傅愣了。

从这儿以后直到1988年6月,郭希有收到党义汇款十二次共三百三十元。

长春机车厂的党员和职工,得知郭希有尚有一千多元欠款时,自发地捐款,替他还清了欠债。

去年,郭希有大女儿从聋哑学校毕业,工厂破例收了她。车间的女工对她非常关心、爱护,她激动地打出哑语:共产党好。厂里党员好。师傅好。

祖国四面八方的“党义”向郭希有伸出了温暖的手。

浙江省上虞县永徐乡52岁的农民戚露源，患有严重的肺结核，靠两个孩子奉养，他给郭希有寄来五十元钱，信中说：“为数虽少，以表寸心。”

那年7月的一天，长春机车厂党委收到天津市解放路三十六号“党助”的一封简短的信和一千四百元汇款。信中写道：“自得知郭师傅有困难及无数个‘党义’正在热情帮助，深受感动，特寄一千四百元，以表示我的心情，并请转达天津无数个‘党义’的慰问。”

湖南安化县中砥乡界山村给郭师傅的老伴寄来了治精神病的药；浙江温州的“嫣然”、吉林大学的“小云”寄来了捐款。“党义”、“党助”、“团义”……一些不愿透露真实姓名的人，从祖国的四面八方，纷纷给郭希有捐款、送药。

“党义”是谁？有人说是孟德喜，有人说是刘桂荣。

人们在寻找，可恰在这时，“党义”消失了。去年6月，“党义”以“党为民”最后一次给郭希有寄去一百元钱，还附了一封信，信中写：“郭师傅，得知目前您的困难已基本缓解，因我的经济条件也不富裕，所以不再寄钱……”

“党义”消失了吗？

不，没有！“党义”在给郭希有一封信中写道：“我想一个人的能力有大小,但我们要为工厂,为人民,为四化尽心尽力的精神——这是每一个真正的中国人都应具备的。”这便是“党义”精神境界的真实写照。

在万千“党义”的帮助下,郭师傅不仅改善了生活,他的工作也更加勤奋努力了。

铁道部政治部在《关于全面开展学习“党义”精神活动的通知》中说:“党义”的事迹是平凡的,但他的精神是崇高的。在发展商品经济的条件下,“党义”以自己的言行有力地抨击了金钱至上和拜金主义等自私自利的思想,为端正党风、路风树立了榜样,为党增添了光辉。如果中国共产党的四千七百万共产党人,都能站在改革洪流中自豪地说:我以“共产党员的名义”,履行“共产党员的义务”,那么共和国土地上将会出现一个群己和谐,繁荣昌盛的局面。

张桂友救火烧伤得好报

周身缠满纱布的张桂友躺在病床上，他因付不起昂贵的医疗费而陷入绝境。

这位41岁的庄稼汉八年前从浙江省黄岩县来到长春市修鞋。3月17日早晨，他“上工”路过朝阳区一条小街，忽然发现路边高墙院内冒出滚滚浓烟。

张桂友大声呼喊：“失火了！快救火呀！”一边扔下修鞋工具，冲进院内，去挪正在燃烧的柴油桶。

“轰”随着柴油桶的爆炸声，张桂友被烈火吞没了。

附近施工的工人，正在上学的学生听到爆炸声赶来，扑灭了大火。

张桂友浑身焦黑,体无完肤。长春烧伤医院诊断结果:全身烧伤面积达 40%,三度烧伤,毁容已成定局。

输血、输液。东北水利电力专科学校治安派出所五位民警,几个鞋匠,帮张桂友入院时凑的一千五百元钱,三天就花光了。

要治好张桂友的伤,医院至少要一万元。如果停止治疗,就等于对张桂友宣判了死刑。

举目无亲,哪里去弄这么一大笔钱啊?张桂友的妻子和刚从家乡赶来的弟弟,急得泪水都要流干了。

他们找到张桂友修鞋时的栖身地,朝阳区春城街道办事处。街道党委书记陆玉龙立即召开了党、团、居民委员会主任紧急会议,倡议"帮帮张桂友"。四十多名机关干部和居民,先后将八百多元捐款送到医院。但是杯水车薪,无济于事。

街道党委副书记曹红日、办事处副主任王丽华心急如焚地找到朝阳区民政局。

民政款专款专用,这笔钱不知从哪儿出。局长吴桂兰说:"救人要紧,我想办法审批五百元。上边如果不批,这钱我掏。"

然而离所需的数字仍那么遥远。

失火人家的户主金东锡来看望张桂友。他哭着说:“大哥,你为我家救火受伤,我就是倾家荡产也要弄钱来救活你。”半昏迷状态中的张桂友,喃喃地说:“我既然救了你们,怎么忍心让你们倾家荡产哪!”他偷偷告诉弟弟:“拍封电报,把老家的新房卖了吧。”

老家的新房,是张桂友在东北八个春秋靠一锤一钉修鞋攒钱盖起的,至今还欠着五千元的债。这房子是他唯一的家产,全家六口人的栖身之所。

弟弟走了,妻子泪流满面:天呀,做了好事真的得不到好报吗?

3 月 25 日,《长春日报》在一版头条位置发表了张桂友舍身救火,因负不起医药费而身陷困境的报道,并配发了《请来帮助张桂友》的编后随笔。

第一个反响来自市委。

见报当天的 7 时 30 分,市委书记吴亦侠找到正在看这篇报道的市委副书记邢志说:张桂友舍身救火,身负重伤,要全力抢救,有什么困难,市里承担,不让家属为难。

8 时 21 分,邢志火速赶往医院看望张桂友,并告诉他和他的亲属:“房子不要卖。医疗费由市里统筹解决。”甚至连张桂友及亲属在医院的伙食,领导也作了妥善安排。

市卫生局长张宇舟下令:“调全市最好的大夫给张桂友会诊。”

由长春烧伤医院、白求恩医科大学三院和吉林省人民医院的专家、教授,组成了治疗抢救张桂友的小组。

同一时间,吉林省副省长高文和有关领导批示省民政厅,拨款五千元,当天送到医院。

10 时 30 分,刚看完报道的朝阳区委书记召集会议。区委、区政府一致同意:由区政府交给医院一张支票,需要多少钱,拨多少钱,并决定向张桂友的妻子赠送一千元现金。

下午 1 时,市委又召开了有关领导参加的紧急会议。市委书记吴亦侠在听取了张桂友治疗情况汇报后说:“要全力组织治疗。长春有困难,可以向北京求援。”

刚从外地回长春的吉林省委书记何竹康,当晚打电话询问张桂友的伤情和治疗情况,指出要妥当安排好。

这天晚上,长春市委、市政府办公厅还给张桂友的家乡浙江省黄岩县政府发去电传,对张桂友舍身救火的事迹给予高度赞扬。并给张桂友的父母发去电报,告诉二位老人治疗费已解决。

病床上的张桂友哭了,在旁的妻子哭了,没有走的弟弟哭了,做好事得到了好报。

3 月 25 日这一天,当《长春日报》送到读者手中,长春市出人意料地沸腾了。

长春日报社的电话立刻成了热线。接连不断有读者询问张桂友的伤情,询问烧伤医院的地址,捐款交给谁,烧伤医院的银行账号怎么写法。

报纸刚刚发出一个小时,宽城区站前医院就第一个把捐款送给报社,那是刚下夜班医护人员捐献的。送钱的副院长杨爱英说,怕张桂友等钱用,先送来一部分,他们还在继续捐。

《党员之友》杂志社的二十三名同志,给报社送来了二百五十元捐款。

南关区干部吴景芳给报社寄来钱,并附一便条,上写"世界需要热心肠"。

省交通开发公司全体职工一致同意支援张桂友两千元,并要求经理这笔钱不要挤占其他费用,从职工福利费中提取。

二道河子东盛劳动服务公司捐款二百元。他们说:“只要人人都付出一点爱,世界就会变得更美好。”

一个不肯署名的三口之家寄来100元,并在信中写道:“每个人身上都有金子般的闪光点,让我们去促使它发光、发热、温暖张桂友及其亲人,温暖每个人的心灵。”

张桂友没有参加人身保险,但他是为人民负伤的。中国人民保险公司长春分公司特批两千元人身保险金送给张桂友。

捐款中有一个特殊的大纸包,打开看,全是一分二分硬币、一毛两毛纸票,捆扎得整整齐齐。这些钱出自长春市第一实验小学全体少先队员的一双双小手。他们在给张桂友的信中写道:“我们把平时积攒的零用钱一百元献给您,留着您买点止痛药吧!”

张桂友的事迹也震撼了服刑犯人的心灵。长春市刁家山劳教所三中队一分队二十九名劳教人员,从生活费里抽出五十元寄到报社。还有一位劳教人员把积攒了十六个月的生活费五十元寄到报社。他们在信中写道:“我们过去没有想到为长春人民做好事。今天,一个外乡人为长春人民流了血。和张桂友比，我们深感内疚，寄上一点钱，算作我们对过去的忏悔。”

更多的人把钱送到长春日报收发室，不留姓名，转身就走。

一位编辑接到一个信封，以为是稿件，打开看，里面都是钱。

工人、干部、战士、大学生、个体户，捐款的人流涌向报社。报社不得不马上派两个干部到收发室值班，接待捐款者，登记姓名，拆阅信件。

长春烧伤医院素日的寂静被打破。探望、捐款者如潮而来。医院不得不临时成立一个接待办公室。

仅3月25日一天，捐款就超过一万元。

到28日，已收到捐款四万多元。

各种慰问信更是雪片般飞来。

张桂友的医疗费圆满解决了！

张桂友的病情平稳了。植皮手术已于28日顺利完成！

张桂友走出了绝境，长春人民的爱心使春城更加美丽。

杨树君双腿瘫痪的时候

吉林人民广播电台在 1988 年 10 月 27 日《午休时光》节目中播出一个深沉的声音：

“我叫杨淑珍，今年 20 岁，是敦化市沙河沿镇西屯村的山村姑娘。命运对我太不公平了。我们家四口人，父母年迈多病，已丧失劳动能力。由于生活所迫，我 14 岁就遏制住对读书的依恋，辍学回家务农。家庭重担过早就无情地落在我的肩上。不论寒冬酷暑，种田、打场，我都拼命干活。债务一点一点地减少。”

“但是，天有不测风云。去年 6 月，灾难残酷地降到正在读初中二年级的弟弟杨树君身上。他的双腿逐渐瘫痪，活泼健壮的弟弟受到病魔的沉重打击。于是，我又把帮弟弟治病的重担挑了起来。旧债还没还清,又筑新债台。我向亲戚朋友借,向银行贷款,向个人抬钱(高利贷),共筹六千多元。我背着比我高比我重的弟弟,上汽车,下火车,走南闯北,求医寻药。去了十多家大小医院,借的钱花光了,家中的牛也卖了,弟弟的病因还未查清。医院让我回家取钱,哪有钱呢?我四处求借无门,只好背弟弟回家挺着。”

“看着年老多病的父母、下肢瘫痪的弟弟,想着高高筑起的债台,我这小姑娘心里流下了泪水!呼天天不应,叫地地不灵。我们一家怎么活呢!我想到了党和人民,想到了我们的宣传机器。所以我抱着最后的一线希望,慕名给省电台台长何钧写了一封信,提出了我难以启齿的想法,请电台向社会呼吁,向我弟弟伸出援助的手,救救我那可怜的弟弟……”

这令人心碎的呼救声,传向了吉林内外,冲开了世人情感的闸门,大家胸中强大的热流突然奔泻出来。

长春中医学院附属针灸骨伤医院院长王久虹,听完广播,马上打电话给省电台《午休时光》节目组,提出免费收治杨树君,要求杨家姐弟尽快来长春,由他们医院派车接站。

最早受理杨淑珍来信的省电台台长何钧想，小树君治病没有钱不行，于是带头募捐，全台很快捐了一千多元。

接着，许许多多素不相识的知识分子、农民、工人、干部、青年学生、少年儿童，就像对自己亲人那样，向杨家姐弟伸出援助的手。一封封热情洋溢的慰问信，一张张深情厚意的汇款单，雪片似的飞到他俩手中。

在一个多月时间里，杨家姐弟收到各界来信三百五十多封，赠款五千五百多元。眼下，小树君的病已初步确诊为占位性病变引起的脊髓空洞症。白求恩医科大学第一附属医院神经外科的医生们，正在为他精心治疗。

这一幕幕感人肺腑的情景告诉人们：在当今中国的大地上，暖流还是主流，美好的光明仍占主导地位。我们党员、干部的大多数是好的，我们的人民是伟大的、高尚的人民。

杨淑珍又一次来到吉林省人民广播电台。台长何钧问她有什么感想，她半天说不出话来，泪水像泉水一样涌了出来。

最后，她说："弟弟病好长大以后，让他加倍劳动，报答党和人民。"

刘伯承说“还是‘将相和’好！”

1945年11月2日。平汉战役结束，刘邓野战军获得全胜，歼敌二万余人。蒋介石妄想占领邯郸，打通平汉路的“黄粱梦”破灭了。

平汉战役的胜利是伟大的，对此，广大人民群众作出了巨大的贡献。但是，这个问题并没有被部队所有的人所认识，骄傲自满在一些人身上抬了头，军民互不尊重的现象不断发生。最严重的是部队的一位排长和地方上的一位民兵队长发生口角，互相架起了机枪，险些酿成武装冲突的事件。

刘伯承闻讯，立即召集有关人员开会研究解决，他指定邯郸市市长冯如九和晋冀鲁豫军区政治部的民事部长穰明德出面做调解工作。他说:“紧密地团结地方党、团结地方政府和一切民众、任何时候都不会脱离群众,这是我们胜利的根本保障。当前,国民党反动派正虎视眈眈、企图一口吃掉我们。如果我们军民内部闹别扭、打内战,那就真的有被吃掉的危险!”

经过部队和地方的调解,纠纷的双方都消除了隔阂,坚决表示要和好。在由民兵及其家属和部队战士代表,地方各级政府负责人和部队首长参加的“团结会”上,部队排长和民兵队长都为做了亲者痛仇者快的蠢事而悔恨不已,这事得到了圆满的解决。

穰明德向刘伯承汇报了这事件的处理情况后,刘伯承满意地说:“好!还是‘将相和’好!你们知道蔺相如和廉颇的故事吗?这个故事也是发生在邯郸呀!战国时,秦强赵弱,秦国想吞并赵国,但一直不敢出兵攻打又为什么呢?就是因为有赵国的宰相蔺相如与大将军廉颇的和好,有两人的坚强团结。蔺相如与廉颇是团结的模范啊!”

刘伯承还亲自指示部队和地方的有关部门:“要组织干部参观一下蔺相如回避廉颇的回车巷故址,写一篇有关他

俩的通俗故事,发给部队阅读,还安排演《将相和》的戏,以此促进军政、军民间的团结。”

根据刘伯承的指示,军区政治部编印了通俗读物,并组织部队干部参观了古迹,邯郸市京剧团排练了《将相和》的京剧,连续上演了很长时间,推动了军政、军民的团结。

贺龙看望伤病员

1936年10月,贺龙率领的红军走完了雪山草地,到了甘肃,跟毛主席派来迎接的一方面军在会宁、静宁地区胜利会师了。会师以后,贺老总为了进一步培养干部,便送警卫员唐云清到刘伯承同志主持的中央红军教导师去学习。后来,因为工作的需要,唐云清到基层连队任职了。

1938年,八路军一二〇师三五九旅在抗战中打得十分英勇,小唐在这个旅任副营长,贺龙是这个师的师长。在战斗中小唐头部、腿部两处受重伤住进了晋西北兴县后方医院。白求恩医生刚巧巡回医疗到兴县,给小唐动了手术。

有一天早晨,医院的政委告诉我们一个好消息说:"贺龙师长要来看望大家!”大家一听,顿时高兴起来。但也有的同志说:“仗打的这么紧张,贺师长还有时间来看我们?”“师长住的地方离我们有一百八十多里,骑马来受得了吗?”

“会来的。贺师长再苦再累也会来的。”唐云清高兴得泪水盈眶,非常自信地说:“我了解师长,他一定会来的,会来的!”小唐的声音虽然很微弱,但全屋的人都被他说服了。

不一会儿,小唐甜蜜的睡着了,他梦见和同志们一起押着一排排垂头丧气的日本鬼子,他高兴的喊着:“师长,我的老军长,我们胜利了!”这时,有人叫着;“小唐,你醒醒!”他感到额角上好像有一只热烘烘的手在抚摸着。

“啊,小鬼,唐云清。”贺老总俯下身子,用他那阔厚的嘴唇,带着父辈的深情,在小唐包满绷带的额角上轻轻地挨了一下。

“怎么样? 还好吗?”贺老总坐在小唐床边,慈爱地问。“师长,老军长!”小唐激动地喊着。

“不要紧,只是腿部疼得难受。”说着,小唐用手撑床挪动身子,想给他腾出一块坐的地方。

他很快按住了小唐说:“不要动,不要动! 哎,头部怎

么样?”

“头部只是多了几个眼,没啥。白求恩大夫已经给我取出了弹片。”小唐回答说。

“这就好,这就好。”贺老总说;“我原来倒不担心你的腿,而担心你的头。现在头部我也不担心了。白大夫,这个……”他高高地竖起了大拇指。

小唐点点头,说:“师长已经知道我负伤了?”

“知道”贺老总说。

“师长一到医院,就看了全部伤员名册,一个个听取了我们的汇报!”医院政委说:“师长跟白求恩大夫的作风一样,简直就是个医生!”

一听这话,贺老总摆摆手说:“白大夫,我怎能跟他比,他是千里迢迢从加拿大来到中国,帮助我们抗日的。而我们呢?我们是中国人,抗日救国是最起码的民族爱国心。白大夫,白求恩大夫,了不起的国际主义战士,值得我们好好学习啊!”贺老总的话,使大家很受感动。

贺老总一一看望了伤员同志们,并祝愿大家早日恢复健康,早日重返前线杀敌!

政委说:“同志们,你们知道吗?师长今天是步行几十里路来看望大家的啊！师长的马在路上不幸遇难死了，其他同志让马给他骑，他怎么也不肯。他惦记着大家，硬是一步一步走来的啊……”贺老总不让说下去，示意的手摇得像货郎鼓一样。

“师长，贺师长，我们的老军长！”伤员们都不约而同地在脸上挂满了滚滚热泪。不难想象大家的心中翻滚着多么澎湃的波浪……

在大家喜泪盈眶的哭泣声中，师长走到每一个伤病员身边，用手一一抚摸了一阵。然后诙谐地说：“哈哈，同志们。你们这些受了伤都不知道流泪的英雄，怎么都变成了哭哭悌涕的林黛玉了？同志们，流血是值得的，流泪就不应该了，嗯！坚强一点，同志们……”

大家明白，贺老总是专用风趣的话语来安慰大家。许久，伤病员们的心怎么也平静不下来。大家的心潮激动地想着……

陈赓和宋希濂的同窗情

陈赓和宋希濂都是湖南湘乡人，黄埔军校一期学生。前者是中国人民解放军杰出的军事指挥员，后者曾是国民党的高级将领。他们虽然走的是不同的道路，但他们之间都有着深深的个人友情。

1923年冬天，他们双双被广州陆军讲武堂录取，在去广州的路上，他们结伴而行。到广州后又同住一室，看书、读报、散步，情谊日深。1924年4月，他们又一起考入了黄浦军校，共同参加了第一、二次东征及平定商团和杨、刘叛乱等革命战争。

1926年2月的一天，陈赓前去走访驻兵潮州的宋希濂，两人畅谈了两个多小时。当时的陈赓早已是共产党员了，他希望宋希濂也参加共产党，宋表示同意。但后来由于中山舰事件的发生，陈赓由党秘密派往苏联远东红军学习保卫工作，两人失掉了联系。宋希濂却逐渐向蒋介石靠拢，当蒋介石发动了“四·一二”反革命政变后，与陈赓分道扬镳了。

1936年西安事变后，宋希濂与陈赓相见。那时两人都已成为指挥千军万马的高级将领了，一个是红军师长，一个是国民党师长。两人久别重逢，共叙往事。陈赓风趣地说；“十年内战，干戈相见，现在又走到一起来了！这该给日本鬼子记上一功啊！”他们谈笑风生，分析当时的局势，互相勉励，要在抗日的战场上奋勇杀敌。在以后的抗日战争中，陈赓在敌后战场，宋希濂在正面战场，率军浴血奋战，打了许多漂亮仗，威震敌胆，均成为赫赫有名的抗日将领。

1949年12月，四川解放前夕，当时任国民党华中“剿总”副总司令，伪川湘鄂绥靖公署中将主任的宋希濂，在四川峨边大渡河畔的沙坪被解放军俘虏，关押在重庆磁器口白公馆。当时任云南军区司令员和云南省人民政府主席的陈赓，特地从云南来看望宋希濂等人。这使宋希濂既高兴又惭愧。高兴的是陈赓不忘旧日的友情，身居高位还能来看狱中的老同学、老朋友，惭愧的是自己当年未能跟随陈赓去为穷人打天下，反而追随蒋介石与人民为敌，终至成了一个历史的罪人。陈见到宋立刻笑容满面地迎上去同宋握手，仍像过去那样爽朗地笑着说："你好啊！我们又好久没见面了，看见你身体这样好，我很高兴！"宋激动地说："惭愧得很，没想到你还会来看我。"二人共进午餐，畅谈了六个多小时。他们分析了当时的国内外形势，陈勉励宋好好改造，亲切地嘱咐他不要有任何思想负担，这使宋希濂感慨万分。

1959 年宋希濂被人民政府特赦。陈邀请他坐客，详细询问家庭情况，态度真挚，使宋对陈赓忠心耿耿的革命精神和对自己的坦诚教育关怀，深表钦佩和感激。决心在后半生里为祖国的建设与富强尽自己的一份力量。

1961 年 3 月 17 日，陈赓不幸在上海病逝。宋希濂含着热泪，到中山堂参加了吊祭，并亲自撰写文章缅怀陈赓。